U0079078

INSTANTLY
READ PEOPLE'S MINDS

瞬間**看穿**秘密 篇

王照 編著

你不能不懂的
察言觀色
厚黑法則

把人看到骨子裡

詩人作家愛默生曾說：
人只有在獨處時最誠實，
在他人面前，都是虛偽粉飾的。

確實如此，在這個強調包裝、行銷的年代，
每個人的臉上經常戴著虛假的面具，
做出矯飾的舉動，有的人為了達到目的，
甚至以亮麗的外表、動人的言詞矇騙別人的耳目。
想要一眼把人看到骨子裡，
想要瞬間洞燭對方的心裡究竟想什麼，
其實並不困難，
重點就在於是否掌握察言觀色的看人法則。
只要懂得如何看人，就不會被表面的言行舉止迷惑，
一眼看穿對方的底細。

出 版 序　　　　　　　　　　● 王 照

你必須知道的讀心術

想要瞬間讀懂人心，其實並不困難。
即便是初次相見的陌生人，
你都可以憑第一印象抓出對方的目的與
可能隱藏的個性、心思。

　　心理學家皮爾斯‧斯蒂爾曾說：「人世充滿了虛偽和恭維，以致人們的言詞，幾乎不能代表它們的想法。」

　　正因為如此，我們更要運用身體語言的概念，藉此洞悉別人內心深處隱藏著的心思，把人看到骨子裡，提防自己在人性叢林中受騙上當。

　　一個人不管如何遮掩，內心深處最真實的一面，一定會透過表情、情緒反應、肢體動作和特殊偏好顯現出來，想在這個爾虞我詐的社會行走，就必須具備讀人讀心的重要本領。透過細膩的觀察，我們就可以迅速研判出對方心裡正在想什麼，是不是口是心非或言不由衷；提高自己的觀察與判斷能力，在人際關係中就可以無往不利。

　　心理學家愛德華‧赫斯博士曾說：「想要看透一個人，不要只會用耳朵去聽他說些什麼，而是必須用眼睛去看他做些什麼。」

　　這是因為，一個人的真正心思，往往會在做了言不由衷的事情之後暴露出來。想要瞬間看透一個人，就不能光看他表現出來的那面，也不能光聽他說出來的話，而要從細微之處看穿他極力

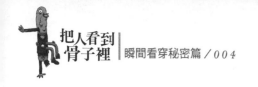

掩飾的另一面，以及藏在心中沒說出來的真正心思。

想要把人看透的秘訣並不困難，重點就在於你是否懂得口是心非的人性。想要知道對方是什麼樣的人，想瞬間讀懂對方的心思，就千萬不能只用耳朵判斷，必須用眼睛仔細觀察他的一舉一動。

人與人之間，免不了必須進行溝通、互動。

從家庭、學校、職場，甚且社會，一個人的「成長」，說穿了就是透過不斷與他人相處從而逐漸改變、成熟的過程。

不妨想想，一天二十四小時之內，可能會碰上哪些人呢？想來數目應該不少！其中必定有已經相互熟識的，但也有可能是完全陌生卻不得不打交道的。無論面對哪一種，你有把握地與他們進行良好的互動，順利完成自己的期望與目的，而不使自身權益受損嗎？

回想一下過去的經歷，恐怕絕大多數人的答案都偏向於否定。

想要瞬間看穿人心，其實並不困難。即便是初次相見的陌生人，你都可以憑第一印象抓出對方當下的目的與可能隱藏的個性、心思，且屢試不爽。不用懷疑，事實上，這就是「讀心術」的巧妙之處。

阿諾德曾說：「透識一個人的最快速方法，就是將他全身剝光，讓他赤裸裸地站在眾人面前，然後再看他做出什麼反應。」

因為，如果這個被「剝光」的人，是一個行事光明磊落的君子，沒有什麼不可告人之事，那麼他就不會在眾人面前驚慌失措，如果這個被「剝光」的人，是一個專門幹無恥勾當的小人，那麼當他赤裸裸地站在眾人面前，就會手足失措，深怕自己的馬腳會不小心曝露出來。

　　唯有冷靜觀察對方的肢體語言，對細微變化旁敲側擊，我們才能真正掌握一個人的真實內在。

　　人是最擅長偽裝的動物，現實生活中道貌岸然的小人很多，如果你不想老是受他們宰割，那麼就得放聰明一點，才不會老是受騙上當。

　　我們遭遇的人，可能比我們想像中正直，也可能比想像中陰險，交往之前必須先摸清對方的人格特質與心理需求。從一個人所傳達的肢體語言，我們可以迅速研判出對方是友好的或是狡詐、充滿敵意的；具有這種觀察能力，在人際關係中就可以無往不利。

　　人人都有個性，影響著他們的思想、喜好，進而決定他們表現在外的所有行為，只要不刻意掩飾──其實，就算用盡心機，還是會有小小的「馬腳」露出來，瞞不過真正懂得讀心的聰明人。

　　學會從小地方看人性，你必定可以得到很大的實質收穫，無論面對上司、同事、下屬、客戶、朋友、家人，都將立於不敗之地。為什麼呢？原因很簡單，因為你已經完全把他們的心思掌握在手裡。

Part 3
洞悉說謊的深層心理

在一般人眼裡，說假話或不信守承諾都是操守欺騙的行為，說明了這個人的人格和存在著問題。

Part 4
撒謊是人際關係的潤滑劑

「撒謊是人與人之間的潤滑劑」。大概有百分之七十到八十的人承認「偶爾撒一點謊，也是不得已的情況」。

說一些謊話，使自己的行為合理化

尋找到一些看起來很正常的理由，用這些理由來使
別人承認自己，接受自己的行為，這是就所謂的
「合理化」。

碰觸程度，反應彼此的親密度

肢體碰觸的程度反應彼此的親密程度，這是判斷人際
親疏時的重要標準，無論對方如何偽裝，都可以據此
得出實情。

Part 7

從言語動作瞭解人的內心世界

人在說謊話時，會引起面部和頸部組織的刺痛感，因而會透過揉或者抓來緩解。只要向他提出「請再說一遍，好嗎？」之類的問題就可以使他洩底。

Part 8

從語言看透一個人的內在

懂得透過語言、聲音等方面來透視別人的心理以及人品，能使你在官場應酬、生意談判以及結交朋友的過程中立於不敗之地。

Part 9

從言語習慣發現一個人的秘密

說話者所表現出來的言語習慣具有交流的功能，
因此破解言語習慣的密碼，對於觀察和理解一個
人具有很重要的意義。

Part 10

「扮相」比長相更重要

不同社會背景對服飾的要求有所不同，俗話說「人配
衣服，馬配鞍」、「三分長相，七分打扮」，相當有
理。

Part **11**

從交際方式洞察事業命運

追求權力不得自然會痛苦，得到了權力之後害怕丟失，同樣使人痛苦。得到了高位，「高處不勝寒」，孤獨自不必多言。

PART1

越想遮掩，
越會用謊言敷衍

人對於自己特別感興趣的人事物，

都會特別的注意，

留在腦海中的記憶也就特別深刻，

說「不記得」的人通常是在撒謊。

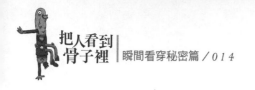
有人陪伴，才能帶來安全感

「我想要一直和你在一起」不一定就是「我很喜歡你」，其實是「只要有人在我的身邊就可以了」的意思。

如果一個人處於很強烈不安的感覺中，或者對什麼事情感到擔心，就會有這樣的想法：想要和自己最親密的人在一起。這樣的心理就是所謂的「親和慾望」。

美國著名的社會心理學家傑克特認爲：「當一個人處於極度不安的時候，就會希望能和親密的人在一起。」

下面的這個心理實驗就是說明上面的心理問題。

傑魯斯太伊博士請女大學生做一個心理測驗，進行以下的說明：「我們接下來要進行的實驗，是測試通過電流的衝擊對於一個人的心理影響。在這個測試過程中，電流的衝擊可能會讓妳覺得很難受，但是絕對不會讓妳的皮膚受到傷害，更不會對妳的心臟造成影響，請放心。」

進行這些說明以後，傑魯斯太伊博士又對女大學生說：「進行這個實驗之前，爲了做好實驗的準備，請妳在等候室稍微等一會兒。如果妳願意，妳有兩個選擇，一是一個人在等候室裡面等待，或是和其他人一起等待。妳選擇哪一個呢？」

　　傑魯斯太伊博士這樣問道，實際上，這才是眞正的實驗。

　　聽了傑魯斯太伊博士這麼一說，大約會有百分之六十的女大學生選擇一個與自己的境遇相同的人，一起待在等候室裡面。因爲大學生們內心覺得「接下來的實驗不知道會怎麼樣」，存著這個緊張的心理，因此產生出很強烈的「親和慾望」。

　　醫院的等候室裡面，也常見到同樣的情形。一般人看到一個和自己生同樣病的病人的時候，就會覺得心情好像比較不會緊張了；住院的時候，如果和一些跟自己有著同樣病情的病人住在同一個病房，也會覺得心情比較放鬆。

　　不管是哪一種情形，由於生病所引起的不安感覺，會透過與其他患者之間產生親和感的過程得到了紓解。或者可以這麼說，就是所謂的「同病相憐」吧。

　　獨生子和長子也都需要強烈的親和感來作爲精神的支柱。作爲家裡的獨生子或者是長子，從小時候開始，如果有不安的心理，總是透過父母親得到滿足和緩解。這樣的人長大之後，若是有什麼不安的事情，或者是對什麼事情覺得擔心的時候，就會馬上想到要依賴其他人。

　　不安的感覺越是強烈，對彼此之間存在的親和感覺就會越強烈。從這個角度來考慮，「我想要一直待在你身邊」或者是「我想要一直和你在一起」這類話對他們來說不一定就是「我很喜歡你」的意思，只不過是因爲心裡覺得很不安，所以在自己的眞實內心中會有「不管是誰都可以，只要有人在我的身邊就可以」的想法。

　　夫婦當中，有很多人是爲了要滿足自己的親和慾望才在一起的。因此，如果有其中一方眞的遇見了自己所喜歡的人，那麼可

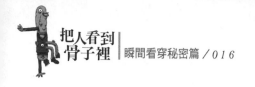

能馬上就會與另一半分手，和自己真正喜歡的人在一起。

　　這樣的情形不管是在男性還是女性身上都是一樣的。男女雙方同居的關係，也有可能只是一種虛假的愛情關係，只是為了得到安全感才和對方在一起。特別是對於那些獨生子或者是長子，和這一類的人交往要格外的注意。

寧可說一些謊言，袒護自己的判斷

即使有的上司對自己的領導才能覺得存在著什麼問題，也絕對不會承認的，因而會說謊維護自己的自尊心。

如果新設計的企劃書得到賞識，有的主管就會向外宣稱：「都是因爲我的緣故」，一旦失敗，又全部是部下的責任。這樣的上司爲數不少，說明了總結成功或者是失敗的原因時，大多數的人都會不自覺產生「自我袒護」的心理。

例如，請一個家教來輔導孩子的數學，經過他的輔導，孩子的數學成績不斷上升，這個老師就會說：「我的教學方法比較好，所以孩子的數學成績會不斷的提高。」此時，他對自己的評價很高。

但是，如果家教老師不管怎麼教，孩子的成績還是沒有提高，那麼他可能就會說：「這個孩子的智力可能有問題。」此時，對孩子的評價顯得很低。

也就是說，如果孩子的成績提高了，就是自己的功勞，成績若是沒有提高，就是孩子的問題，這就是偏袒自己的做法。

如果有一個部門主管受到上級的表揚：「我最近發現你領導的部門成績很不錯。」這個主管可能就會說：「我總是用盡心力

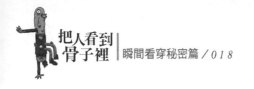

地想要領導好部下。」在表現自己謙遜的同時，也向上級展現一下自己的領導才能。

如果有一個科長被上級責罵：「你這個部門竟然拿出這樣的成績，實在是太不像話了。」這個科長可能就會說：「我天天都在教育部下，但是他們好像沒有把我的話聽進去，實在是很讓我為難。」在這種狀況下，人就會為自己尋找藉口。

有的上司即使對自己的領導才能，隱隱約約覺得存在著什麼問題，也是絕對不會承認的，因為這樣會傷害到自己的自尊心。這時，就會對自己撒謊說：「我的指導方法是沒有存在什麼問題的」，或者「並不是因為我的領導才能不高的原因，而是因為最近的年輕人真是不行」，藉此掩飾自己的真實內心與實際狀況，發表一些袒護自己的謊言。

袒護自己的言行舉止，是在毫無意識的情況下說出的謊言。通過袒護自己的言行，可以減輕自己的壓力，不讓自己失去自信心。但若是自我袒護的言行舉止太過分，會給別人留下「這個人很不負責任」或者「這個人只會爭功諉過」的印象，從而對他敬而遠之，所以這樣的人必須要有自省的心態。

有的公司職員才剛進公司，就被貼上「沒有用」的標籤。他們為了改變自己的形象，可謂是費盡了心思。但是，想要改變自己的評價是一件很難的事情。

有一個心理實驗，挑選 A 和 B 兩個小孩子，讓他們分別做一些數學的題目，然後讓一個第三者對他們的將來進行評價。

孩子 A 所做的題目，前半部分有答案，而後半部的題目根本就做不出答案。孩子 B 的題目，前半部分有很多題目都是做不出答案的，而到了後半部分才漸漸設置一些可以有答案的題目。也

就是說，兩個人最後的成績應該是一樣的。

　　一直在旁邊看著他們做題目的第三者，在前面一半的題目完成的時候，就做出評價：「孩子 A 比較優秀，他將來一定會很有成就。」

　　接著，A 孩子做到了後半部分的題目，漸漸做得不好了，第三者就會說：「可能是他做到後面的時候，變得不專心了。」或者找藉口說：「他做後面的題目時，運氣變得不好了。」

　　一旦被貼上了「能力很高」或者是「能力很低」的標籤，即使後面的言行舉止和所獲得的評價不一致，但是，別人對於這個人的評價很難再改變了。

　　如果承認「我最初的判斷是錯誤的」，就等於說自己的判斷能力存在著問題。於是，許多參加心理實驗的人就把一個人後來表現不好的原因說成是「當事人的不努力」或者「當事人的運氣不好」，藉由一些藉口，來保護自己的自尊心，證實「自己的判斷是沒有錯誤的」。

　　一個很受到主管看重、袒護的部下若是沒有把事情辦好，主管就會說：「如果他認真做的話，應該是可以做好的」或者「這次他的運氣不太好」之類的話，來為部下開脫，成為部下的保護傘。

　　其實，這些都只是為了自己的自尊心而說出的謊言罷了。

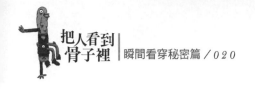
越想遮掩，越會用謊言敷衍

人對於自己特別感興趣的人事物，都會特別的注意，留在腦海中的記憶也就特別深刻，說「不記得」的人通常是在撒謊。

「我不記得有這麼一回事。」這句話是說謊者最常見的語言公式。

如果有人總是說「我不記得有這麼一回事情」之類的話，那可能會產生很大的反彈，被其他人說：「你不要再騙人了，我可不是傻瓜。」

儘管大家都知道這是騙人的話語，但為什麼許多捲入醜聞的社會名流常常在發言的時候說：「我不記得有這麼一回事」？

他們為什麼將這句話使用得這麼頻繁呢？

有一個心理實驗是這樣的，心理學家讓一個人在一間屋子裡面，認真地記住五個人的面孔，然後在另外一間不一樣的屋子裡面，再讓這個人認真記住另外五個人的面孔。接著，心理學家問這個人和什麼人見過面，一般都有百分之九十六的正確率，而且也能夠把每個人的面孔回憶起來。

但是，很有趣的是，如果問這個人，分別在哪個屋子裡見了哪個人，那麼回答的正確率，就落到只有百分之五十。

「我雖然見過這個人的面孔，但是，到底是在哪裡見到的，記得不太清楚了。」一般人都是這樣回答的。

從這個實驗中，我們可以發現，人對於別人的面孔是比較容易記住的，而對於其他的情報，例如場所，就很難保留在記憶當中。如果雙方交換了名片了，或者將時間、地點、事件等等，都一一記錄在筆記本上，那麼可能還會回想起當時的情景。

因此，有的人被傳喚做證人的時候會說：「我記得和這個人見過面，但是在哪裡見的面，說了些什麼話，卻記不太清楚了。」心理學家指出，做這種陳述的證人並非都是在撒謊。

「我今天看到你和一個年輕的女孩走在一起喔。」如果你突然被妻子這麼一問，即使你和那個年輕女孩是在旅館前見的面，也沒有必要慌張。因為這個時候，妻子關心的是那個女性，在哪裡見到你們兩個走在一起的，不一定會記得住。

「喔，妳是在辦公大樓前面見到的吧？是我公司的女同事，很漂亮吧？」像這樣冷靜回答，是不會有問題的，這個謊言很通用。

有的丈夫聽了妻子的話，會覺得很不安，可能就會說：「妳是不是認錯人了？」或者說：「我不記得有這麼一回事呀。」

如此一來，反而會讓妻子在強調「我絕對沒有認錯人」的同時，漸漸回想起見到你們兩個在一起的場景，甚至一些細節都會漸漸回想起來。這個時候，想要隱瞞的謊言，反而有可能會被拆穿。

有一個心理實驗是讓人目擊小偷偷東西的場面，然後請這個目擊者看六個人的照片，要他從中挑選出偷東西的那個人。

認為「那個小偷偷的是很值錢的東西」的目擊者中，有百分之五十六的人，可以把真正的小偷指認出來。

但是，如果目擊者認為「那個小偷偷的並不是什麼值錢的東

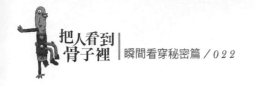

西」，那麼就只有百分之十九的人能夠正確指認出小偷。

抱著「我偶然目擊到的場面，關係到很重要的事情」想法的人，就會特別注意當時的場面，認眞地觀察，就會很清楚的記住犯人的樣貌特徵。反過來說，如果看到的場面並沒有什麼重要性，那麼在觀察的時候就不會太認眞，基本上就不會把事件的過程保存在記憶當中。

警察在詢問現場目擊者的時候，有的人可能會回答說：「我記不太清楚了。」這樣回答的人不一定是在撒謊，可能是因爲他對事件本身沒有什麼興趣，所以沒有深刻地保留在記憶當中。

早上十點左右，若是有個小偷趁著沒有人在家的時候上門行竊，而且還穿著西裝，拿個公事包，堂堂正正的從大門進去，附近的人會以爲是「有客人來拜訪」而沒有多加注意此人，容易因此而讓小偷得逞了。

人對於自己特別感興趣的人事物，都會特別的注意，留在腦海中的記憶也就特別深刻。從這樣的分析角度來考慮問題，那些收受了高額回扣，或者是對機密事件交談過的人，對自己做過的事情的記憶就會特別深刻。

因此，對於那些連說「我不記得有這麼一回事」的大人物，一般民眾都會認爲他們是在撒著天大的謊言。

如果有一個女性老實回答一個男性：「那個晚會上，我們是在一起的嗎？我好像不太記得了。」這就表明了這個女性根本就沒有把這個男性放在心上。

不過，如果說出這樣的話，一定會被對方討厭，所以，像這種時候，有的女性就算是撒謊也要和對方客套一下：「啊，我想起來了，那天眞的很開心。」這樣的謊言最少也可以敷衍一下對方。

記憶，可以透過加工換取

對一個人有計劃地提出一些強調過去記憶的問題，那麼被提問的人腦袋裡面所保留的記憶會不斷被加工成各種各樣的想法。

　　有一個男性在打高爾夫球的時候，把球打中一個觀眾的頭，而現場目擊者當中有一個人頭上戴著咖啡色的帽子。

　　心理學家讓幾組測試者目擊這一切事情發生的經過。

　　過了一個小時以後，心理學家對向其中一個小組的成員問道：「你們是不是看到一個戴著咖啡色帽子的男人，在高爾夫球打中一個觀眾以後就逃走了？」過了三天以後，又從當中在場的人選出五、六個男性讓他們指出打中觀眾的人是誰。

　　能夠指出真正犯人的測試者，佔了總數的百分之五十八，而把那個戴著咖啡色帽子的男人當作犯人的測試者，佔了總數百分之二十四。

　　另外，心理學家在另外一個測試小組上，沒有提出「那個戴著咖啡色帽子的男人，在高爾夫球打中一個觀眾以後就逃走」的問題，這個小組中，能夠正確指出真正的犯人的人數佔了總人數的百分之八十，而把戴著帽子的男人當作是犯人的人數，僅僅佔了總人數的百分之六而已。

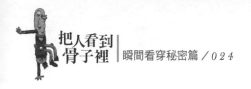

因為，在第一個小組當中，測試者受到了「戴著帽子的男人」這樣的誘導性質的提問，所以就有很多測試者留下了「那個戴帽子的男人就是犯人」的印象。對於他們來說，他們目擊到的場景本來就是處於比較模糊的狀態，也因此他們的記憶比較容易被具有誘導性質的提問所左右。特別是當他們對印象當中的人抱有偏見和厭惡感的時候，這樣無意識的記憶轉移更是容易發生。

下面這個例子也可以作為一個參考。有一個女孩子，看到男朋友跟一個自己不認識的女性走在一起。這女孩就對自己的好朋友說了這件事，好朋友對她說：「那可能是他的同事吧！」

心理學家說，即使這個女孩見到的女性不是她男朋友的同事，她也會在聽了好朋友的話以後，產生自己在男朋友的公司見過那個女性好幾次了的印象，對男朋友的疑心也就消除了。

另外有一個心理實驗是，心理學家讓被測試者看一張交通事故現場拍攝下來的照片，然後就著這個事故，對測試者提出一些問題。譬如說：「從你看到的這張照片中，你覺得兩輛車相撞的時候，車速有多少呢？」

對測試者提出這樣的問題的時候，竟然得到了意料之外的結果。

聽到「車相撞的時候」這樣的言語時，一般人都會認為是「兩輛車碰撞在一起的時候」，大多數的人都會斷定「違反交通規則的車輛速度會比較快」。

接著，在一個相關的研究上，讓測試者看過交通事故的照片以後，大概過一個禮拜，對測試者提問道：「你在照片上有沒有看到破碎的玻璃？」

被問到「違規汽車時速多少」的小組，在心理學家問是否看

到破碎玻璃的問題後，其中有百分之三十二的測試著回答「有看到破碎的玻璃」。

另外一個接受測試的小組的問題是：「被撞的汽車車速有多少？」

這個小組被問到是否有看到破碎玻璃的問題時，回答說「有看到破碎的玻璃」的人數僅僅佔總人數的百分之十四。

實際上，照片當中的交通事故，汽車的玻璃並沒有破碎。但是心理學家對測試者們描述的時候，用「相撞」這樣比較嚴重的辭彙，測試者們可能就會產生錯誤的印象，產生「汽車的玻璃有破碎」等等歪曲事實的想法。

對一個人有計劃地提出一些強調過去記憶的問題，那麼被提問的人就會對記憶產生附加印象，腦袋裡面所保留的記憶會不斷被加工成各式各樣的想法。這樣的行為並不是在撒謊，而是通過巧妙的誘導性質的提問，使記憶中的內容發生變化。

「我的印象中，覺得是……」即使說出來的話和事實不符合，也不是當事人的責任，而是那個提出誘導性質問題的人的責任。特別是當自己尊敬的和依賴的人對自己提出具有誘導性質的問題的時候，記憶所受到的影響會更大。

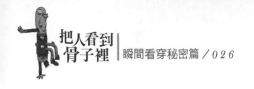

興奮的感覺，容易產生誤解

> 對交往進入到厭倦期的男女來說，兩個人稍微做一些劇烈的運動，然後再一起享受性行為，可能會喚起與平時不同的興奮感。

每個人對於自己的感情總是說不清楚的。

例如，當有人問你「你喜歡我嗎」的時候，你可能會反問自己：「喜歡嗎？我到底是喜歡還是不喜歡呢？」如果馬上就回答：「當然是很喜歡你了」，可能會讓對方覺得是在撒謊。

一個男孩抱著自己的女朋友的時候，可能會從嘴巴裡面說出：「我喜歡妳」或者「我愛妳」或者「妳好漂亮」之類的話。但是，當兩個人悠閒地喝著咖啡的時候，要說出這樣的話，好像太難了一點。

如果女孩這樣責問男朋友：「你那個時候說你愛我，是真話嗎？」

在那個時候，男朋友說的可能是真心話。

有一個心理測驗是讓一個男性看一些女性的裸體照片，然後詢問說：「你覺得哪一個女人比較有魅力呢？」

可能當中並沒有特別有魅力的，但是其中一兩照片往往會特別有人氣。

　　讓男性們看那些女性裸體照片的時候，心理學家會對測試者說：「當你在看照片的時候，我們會同時讓你聽到自己的心跳聲。」其實，答錄機裡放出來的心跳聲，是事先錄好才讓測試者們聽的。當測試者最後選出來的所謂的「最有魅力的女性」的裸體照片時，心理學家故意把心跳聲的頻率加快。

　　也就是說，看到特定女性照片的男性測試者，會認為自己看到這張照片的時候，心跳是很快的，於是對自己進行心理暗示：「這張照片很有魅力、很性感。」

　　這個實驗說明，只要說「你的心跳異常快」，就能夠控制男性的心理感情。

　　所以，當男女朋友緊緊擁抱的時候，女朋友對男朋友說：「你現在的心跳好快喔。」那麼，男朋友可能就會認為：「那是因為自己的女朋友很有魅力，所以心臟才會不由自主地跳得這樣快。」

　　男性一般都會覺得：「因為看到很不一樣的東西，所以覺得心情激動，心跳加速」。就是因為貼上了這樣的標籤，才會產生誤解。

　　有一個測試，讓測試者在固定腳踏車上做一分鐘的運動。運動完五分鐘以後，讓測試者看一些性感照片，發現他們對性的興奮達到了高峰。

　　之所以讓測試者在五分鐘後做測驗，是因為運動完後的五分鐘，心跳的次數仍然是在上升的狀態，運動後的影響還保留在身體裡面，但測試者卻往往會認為「由於運動而產生的亢奮感已經結束了」。

　　做完激烈運動之後，可以斷定「這樣的興奮感覺是因為運動」。但是，運動完五分鐘後，一般人都認為「由於運動而產生

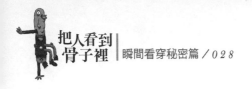

的興奮已經結束了」，因此就很容易對自己產生的興奮解釋為：「由於看了性感照片而產生的」，從而對興奮感覺存在誤解。但是，過了十分鐘以後，由於運動而產生的興奮已經不存在了，因此，這樣的效果也就消失了。

進行激烈的運動過了五分鐘以後，男性們看一些性感的照片，就會覺得異常的興奮，但是實際上，他們是被運動產生的興奮矇騙了。要是人們吃了一驚之後，再讓吃驚的人看一些裸體的照片，也具有同樣的效果的。

所以，對交往進入到厭倦期的男女來說，兩個人稍微做一些劇烈的運動，或者是跳一些舞，然後再一起享受性行為會比較好。因為，這樣一來，可能會喚起與平時不同的興奮感。

在房間裡面進行一些比較激烈的性行為，和運動以後再進行性行為具有同樣的效果，都會增加彼此的魅力。但是，在結束以後，兩個人如果沒有相互擁抱在一起，效果就不會如預期的那樣好了。

恐懼感會激起異樣的情感

如果男女之間一直沒有產生很熱烈的情愫，那麼嘗試著在搖搖晃晃的吊橋上面行走一下，一定會有不一樣的感覺產生。

美國本克巴這個地方有兩座橋，心理學家借助這兩座橋進行心理實驗。

其中一個實驗的地點在距離山谷底部幾十公尺，而且還是架在小溪上面的一座吊橋上，風一吹吊橋就會搖搖晃晃的。另外一個實驗的地點是在一座架在一條很淺的小河流上面鋼筋水泥橋上。

實驗的方式是讓測試者從橋上走過。兩座橋上，都由男性測試者首先過橋，然後一個女性研究人員會從橋的另外一個方向走過來；兩個人在橋的中間相遇，由女性研究人員對男性測試者提出一些問題。

從這樣的實驗中發現，在搖搖晃晃的吊橋上面的男性測試者所做出的回答，和在堅固的鋼筋水泥橋上面的男性測試者所做出的回答，有著很大的不同。

一、讓男性測試者看一個畫面，讓他們從這個畫面中進行想像。結果是，從搖晃吊橋上的男性測試者的回答中可以發現很多關於性愛的表示。

二、這個測試過了幾天以後，以方便研究員進行調查為由，要求參加測試的人留下電話號碼，在搖晃吊橋上進行測試的人有很多人都打了電話告知。

從這樣的結果可以看出，在搖晃吊橋上做出回答的男性測試者覺得和自己合作的女性研究人員很有魅力，而且對女性研究人員抱有強烈的關心。

為什麼會出現這樣的結果呢？

通過搖搖晃晃吊橋的男性測試者，在通過吊橋的時候，會覺得嘴巴乾燥，心跳非常快，這些生理變化是因為測試者在通過搖搖晃晃的吊橋時所產生的。

但是，這些男性測試者並不這麼認為，他們以為是因為在自己面前的是一個美女，所以才會有這樣的反應。這時，由於恐懼感而產生出來的生理變化，被性興奮所取代了。

在和異性說話的時候，這些測試者會覺得聲音變得不自然，而且還會有流汗的現象出現。這時候，他們會覺得眼前的女性「真是一個漂亮的人」，或者認為「這個女人真性感」，並且會對兩個人之間的談話感到非常著迷。

正是因為有這樣的感覺，所以在和女性接觸的時候，即使當時有恐懼感，即使當時口乾舌燥、心跳很快，他們也一定會誤認為「因為眼前的這個女性很有魅力，所以我才會有這樣的感覺」。

這樣的感覺只是暫時性的，可以稱做是「虛假的愛情」。

曾經有過一則真實故事，在外國旅行的途中，有一艘船遭遇了事故而沈沒了，旅客當中，經過了九死一生才得以獲救的兩個男女，最後結為夫婦。

心理學家解釋說，在事故當中，兩個人之間產生了愛情，由

於恐懼感而讓愛情萌芽，後來在海上漂流的日子，兩個人之間培養起互相鼓勵的愛情。這兩個人如果是在很普通的觀光勝地相遇，可能就不會萌生出愛情了。

　　如果男女之間一直沒有產生很熱烈的情愫，那麼嘗試著在搖搖晃晃的吊橋上面行走，或者去乘坐一下高速滑行的雲霄飛車，彼此一定會有不一樣的感覺產生。

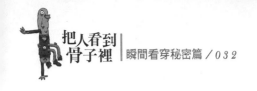

內心的好惡，瞳孔無法瞞住

相思相愛的男人和女人如果眼光相互接觸，兩個人的瞳孔可能都是放大的，對方像是在對自己說：「我很喜歡你。」

觀察眼神是研究一個人是否正在說謊的入門，也是最簡單的判定原則。

因為，當一個人看到令人振奮的東西時，潛意識的運作會使瞳孔自動擴大，這是無法控制的自然反應。

我們也可以將這項心理反應活用在日常生活和工作場合之中。

假如你是一個推銷員，推銷業務的時候，不妨仔細注意一下眼前顧客的眼神。一般顧客的警戒心理都很強，不會輕易表現真實的心意，你可以一面介紹產品，一面注意對方的眼神變化，大致上就能明白他們被哪種商品吸引，或者他們對哪種商品較有興趣。

只要你能注意到這一重點，成功的機率必然可以提高許多。

美國心理學家赫斯研究發現，他的妻子有一天在一個很光亮的房間裡面看書的時候，瞳孔也會變大，對於這個現象感到很吃驚。

本來人的瞳孔，就好像是照相機的變焦鏡頭一樣，一般而言，

在聚焦光亮的東西的時候會縮小。

於是，赫斯認為：「很有可能人在看到自己感興趣的東西的時候，不管是在如何光亮的外界條件下，瞳孔都會變大。」

於是，他開始做實驗，讓男性看女性的裸體照片，另外也讓女性看男性的裸體照片。結果發現，讓男性看那些瞳孔張大的女性的照片，他們會覺得「她們看起來很溫柔，很有女性的氣質，很可愛」或者「她們看起來很有魅力」。

如果有一個男性口頭上說：「妳的眼睛好漂亮」，那麼實際上，他的含義是：「因為妳喜歡我，所以妳的瞳孔會變大」。

若是女人知道自己的瞳孔有這樣的功能，她們一定會生氣地對說這種話的男人說：「你少來了，不要開這樣的玩笑。」

相思相愛的男人和女人如果眼光相互接觸，兩個人的瞳孔可能都是放大的，兩個人都應該對對方這樣的反應感到很感動，因為對方像是在對自己說「我很喜歡你」。這樣一來，兩個人之間的感情也就會更加深厚。

如果在和一個不怎麼喜歡的人說話，那麼就選擇一個背光的角度來和對方交談，因為在背光的地方，表情和瞳孔都會處在一個讓人很不容易看出變化的環境。而且在背光處，人的瞳孔會自然的變大，可以輕易向對方傳達一種善意的情感。

所以，如果男性在陰暗的角落向女性表白，女性們一定要多加注意。

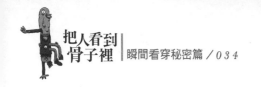
公開宣示，可以鼓舞自己的氣勢

有的人會向自己親密的人宣佈設定的目標，藉以提醒或激勵自己，這樣的行為叫做「公眾介入」。

建造本田汽車的本田宗一郎，剛剛創業的時候，員工還不到五十個人，而且有的時候還不能夠及時、足額的發放工資。但在這樣艱難的時期，本田宗一郎經常站在一個木頭箱子上面，對員工們激勵道：「大家不要只是想著我們的公司要成為日本第一，我們要成為世界第一的品牌。」

在全部員工面前誇下海口的本田宗一郎，把自己逼到了一個沒有退路的境地，只能抱著堅定的決心，無論如何都要奮鬥到底。在這樣的氣魄和壓力之下，本田宗一郎把自己和員工的氣勢都鼓舞起來了。於是，經由大家一起努力，本田終於成為了世界知名的汽車品牌了。

雖然一般人沒有辦法做到如此冒險的程度的，但是，還是有很多人會在新年的時候認為「一年之計在於春」，因而制定了一些看起來好像是實現不了的偉大計劃。然而，「三天打魚，兩天曬網」的結果，很多人都半路就放棄了，這就是一般人和成功的人的區別。

也有人會在每一年重大的轉折時期，比如說每年或每月的第一天，把今年和這個月份的目標，用很大的字寫在紙上貼在牆壁上面，或者是記錄到記事本和日記上面，甚至有的人會向自己親密的人宣佈設定的目標，藉以提醒或激勵自己，這樣的行為叫做「公眾介入」。

這種行為不僅僅滿足於「自己的目標自己心裡明白就成了」，而是要向別人公開宣誓，逼自己積極達成目標。例如，日本三澤建築的三澤千代治就曾以獨特的方式宣示自己的決心。

「前任社長三澤千代昨天已經死亡了。現在站在這裡的是新任的社長三澤千代，我即將要改變前任社長的方針，提出新的政策。」竟然有人用這樣的說明向大家表達銳意改革的決心。

三澤千代治曾經出席自己的葬禮兩次。而且，每一次都公開向外界發佈自己的死亡通知。第一次是在世界石油危機的時候，第二次則是在住宅產業處於被迫由數量轉向質量的轉型期的時候。

為什麼要做出這麼離奇古怪的謊言呢？這是因為「為了要跟隨時代的潮流，改變公司的經營方針，所以，公司每一個職員的觀念是非常有必要更新及強化的」。這樣的謊言，來自三澤千代治的「靈機一動」，想要從自己開始，進行公司的改革。

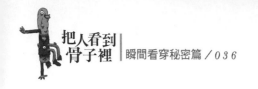
用「白紙黑字」進行約束

對於那些隨便就違反約定的人，或者是一直改變自己意見的人來說，最好的辦法就是讓他們把事情記錄下來。

美國奧姆衛伊公司為了要使自己的銷售員工達成更大的目標，採取了下面的方法。他們在工作開始之前，首先就要先定下目標，而且還要把目標記錄下來，因為他們認為，記錄下來的東西上面有著魔法般的力量。

然後，等到自己的這個目標達到以後，再建立另外一個目標，而且也一樣要把下一個目標記錄下來，就這樣一步一步的開展工作。

美國的一家訪問銷售公司，為了降低「鑑賞期間」的退貨率，使用「讓顧客參與記錄」的方法。這個方法是「不是讓銷售人員來記錄合約書，而是讓顧客親自寫合約」，就是靠著這樣簡單的方法，這家公司神奇地把反悔的顧客數量減少了。

這家公司讓每一個顧客都參與契約的訂定，如此顧客就比較不會輕易違反合約。

把自己所考慮的東西記錄下來，讓本人有這樣的意識：「必須要對自己寫下來的東西負責任。」

　　口頭的承諾可以隨時反悔，但是用文字所寫下來的東西卻是不能夠隨便反悔，否則明顯地就會讓別人覺得自己是在撒謊。」

　　透過書面記錄下來的東西，會讓人覺得是一定要完成的目標。

　　如果有人對上司說：「好的，我明白了」或者說「是的，我一定會照辦」，這種時候，主管最好要回答對方說：「那麼，你就把你實際想出來的做法，提交一個具體的方案給我。」這樣的反應，是阻止撒謊和推託的一個很好的方法。

　　下面有一個關於信念的心理實驗。在這個測試當中，首先對公司的全體員工徵求某個問題的意見，然後讓他們針對下面的三個方法來做回答。

　　第一個小組，讓他們把自己的意見寫在紙上，並且簽上自己的名字才提交上去。

　　第二個小組，讓他們把意見寫在一個白色的板上，過不久字跡會消失掉。

　　第三個小組，讓他們的意見保存在自己的頭腦當中就可以了。

　　接下來，測試人員會告訴他們：「你最初的判斷是錯誤的」，然後再詢問一下他們的意見。

　　透過這樣的過程，改變了自己最初意見的人比例由高到低，分別是第一個小組、第二個小組，接下來是第三個小組。也就是說，把自己的意見寫在紙上，而且還寫上自己的名字的那個小組，在他們寫下自己的意見之後，就沒有再改變的人數是最多的。與其說是「不改變初衷」，還不如說「最初的意見是幾經思量後才寫下來的，所以自己難以再更改」。

　　另外，在和小組的成員進行談話之前，叫他們把自己的意見寫在紙上，並且在大家的面前公開唸出來，在接下來的討論階段上，

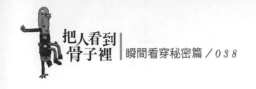

很多人都會堅持自己最初的意見。

從這些例子來看，通過公眾的參與的過程，而堅定自己信念的人數增多了。

對於那些隨便就違反約定的人，或者是一直改變自己意見的人來說，最好的辦法就是讓他們把事情記錄下來，再把他們的記錄給大家看，或者是複印起來保留著，這是最有效果的抑制反悔的辦法。

PART₂

憑直覺做判斷，
必須承擔高風險

透過直覺進行判斷，

或依靠一定的運作法則來考慮事情的人，

比較容易被那些巧口舌簧的人所矇騙。

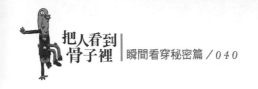
公開表示意見，謊言自然不見

如果對那些很善於撒謊的人有所要求，希望他們能確實照著自己所說的話去做，那麼採取「公開表明自己的意見」的方法是最有效果的。

　　法國的戴高樂總統，是一個擁有很高評價的人，因為他「從來不會做出有違自己談話的行為」，為法國做出很大的貢獻，留下很傑出的功績。

　　日本商品目錄銷售事業的片山豐社長，在這個新興產業剛剛開始的時候，曾經拖欠了員工十個月的工資和獎金。那個時候，當財務課長鐵青著臉來到社長辦公室的時候，片山先生也依然像平時一樣說：「啊，怎麼了？」

　　片山豐用很平靜的語調來回答。然而實際上，當時他心裡面是非常辛苦的，但是因為他還是堅持「沒有關係，一定會撐過去」的信念，所以可以用很平常的心態來面對部下的反應。

　　看到社長的從容態度，公司員工們都暗地裡想著：「一定是社長有什麼解決的好辦法，所以才不著急。」也因此他們都很相信自己的社長，沒有懷疑他。

　　田中角榮高舉著日本列島改造理論而登上政治舞台，當上首相後，田中角榮有一個很特別的動作，就是高舉著一隻手，然後

高喊：「萬歲！萬歲！」

　　這個習慣性的動作，在當時一度成爲引起各方爭議的話題。不少心理學家都指出，就某種意義而言，這樣的行爲是田中角榮「爲了自己所說的話不被大家違抗而做出的活躍的行爲」。

　　這些行爲就是所謂的「公衆參與」的策略，這個策略對那些自尊心以及公衆意識很高的人，也就是很在乎別人評價的人來說，是特別有效果的。

　　美國心理學家列賓，曾經在第二次世界大戰的時候，爲了緩和肉類食品的不足，進行了一個研究：「爲了要讓家庭主婦們充分利用那些牛的心臟，腎臟，胰臟等等器官，什麼樣的方法會比較好呢？」

　　首先，他把家庭主婦分成了兩個小組。在第一個小組當中，舉行一場所謂的「營養學家的演講會」。

　　演講的內容，就是建議家庭主婦把動物的內臟作爲家庭飲食的材料，把動物內臟搬到家庭的飯桌上去。

　　第二個小組則是舉行了一場「把動物的內臟搬上飯桌的好處」的討論會。

　　在這個集會上面，讓家庭主婦就「是否應該把動物的內臟搬到自己家的飯桌上」這個話題來進行討論。

　　討論的最後，讓每一個人都闡述一下自己的觀點，讓家庭主婦們說說「嘗試著把動物的內臟搬到自己家庭的飯桌上去」這樣的意見。

　　參加討論會的第二個小組的家庭主婦，因爲在大家面前表明了自己的意見，所以覺得：「我已經做出了承諾，就必須在自己家庭的飯桌上出現動物內臟。」

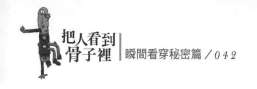
在這個實驗過了幾個禮拜以後，測試者又對兩個小組的成員進行調查，調查他們的飲食習慣。結果發現，參加討論會的家庭主婦大部分都真的使用了動物的內臟作為烹調的材料。而另外一組只是純粹聽一聽營養專家演講的家庭主婦們，即使專家推薦她們使用動物的內臟作為烹調的材料，真正去實行的人卻不多。

另外，在一個以「讓小孩子們吃肝油和果汁」為目的的調查研究當中，也出現了同樣的結果，參加討論並且當場表明意見的成員，絕大多數的人都會在調查結束以後，真的實行自己所說過的話。

對於那些只點頭附和，從來都沒有真正實行的人來說，即使再做出更詳細的說明，也不過是對牛彈琴一樣。

只有讓參加的成員都加入討論，並且在大家面前明確表明自己的意見，如此對政策的推行才是最有效果的。

如果對那些很善於撒謊的人有所要求，希望他們能確實照著自己所說的話去做，那麼採取「公開表明自己的意見」的方法是最有效的。

讓人踏進陷阱，卻毫不知情

碰到很簡單的請求時，最好要先想到，背後可能隱藏著更大的請求，會讓自己踏進陷阱而毫不知情。

　　為了能夠和第一次見面的女性有更進一步的關係，可以使用「YES 方法」。所謂的「YES方法」就是向對方提出一些問題，這些問題必須是讓對方馬上就可以回答「是的」或者「是這樣的」之類肯定答案的問題。

　　比如「今天天氣真好」、「今天可真是暖和」、「出來外面走一走，心情可真是好」……等等話題，向對方說這樣的話，會讓對方做出肯定的回答。就在這樣一問一答的對話當中，兩人之間的關係就會漸漸變得親密起來。

　　雖然說欺騙不是一種很好的行為，但是，如果兩個人之間連談話都沒有，那麼不管是什麼事情都不可能進一步開展下去。因此，即使是向對方撒謊，只要能開始談話，就都會是一個很好的辦法。

　　如果有人說：「你能不能稍微聽一下我說的話？」大部分的人都會答應。但是，很多情況下，所謂的「稍微」，卻是並不「稍微」的謊言。

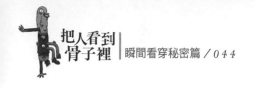

　　這就是一種「階段性的說服法」。剛開始提出的要求，必須是不管是誰都會答應的事情，比如「你能不能稍微聽一下我說的話」，首先要讓對方對自己的要求採取同意的態度。然後，接下來再一步步向對方提出一些較大的要求，那麼對方就會比較容易接受了。

　　研究人員要進行複雜的調查的時候，首先都會事先讓被調查的人做一些很簡單的問卷。大部分的人做了簡單的問卷以後，便會覺得「如果是這樣簡單的話，那我可以接受你的調查」，從而同意接受。

　　過了幾天以後，如果調查人員去拜託被調查的人，要請他們進行一個比較複雜的調查，那麼一般答應人數的比例在百分之五十三左右。

　　但是，如果馬上就要進行訪問，透過電話來聯繫被調查人，同意接受調查的人數就會下降到百分之二十左右。

　　為什麼會產生這樣的差距呢？這就好比請求對方幫忙，如果只是整理一些書籍這樣簡單的工作而已，那麼一般人會很輕鬆的答應下來。過了幾天以後，如果碰到必須要加班的情況，再去請求對方幫忙，大部分人都不會拒絕。之所以會有這樣的現象，是因為被拜託的人覺得：「我之前都答應了他的請求，這一次若是拒絕，就會使自己的言行舉止出現矛盾。」

　　所以，我們經常會碰到這樣的事情，一開始輕鬆答應了對方的簡單請求，覺得「如果是這樣簡單的事情，那是沒有問題的」，過後卻經常會有更大的事情等著你幫忙，讓你到時候不得不答應。

　　所以，碰到很簡單的請求時，最好要先想到，背後可能隱藏著更大的請求，會讓自己踏進陷阱而毫不知情。

懂得請求的秘訣，就不怕被拒絕

向對方拋出好像可以到手的誘餌，先讓對方答應下來，這個方法稱為「誘餌說服法」。

　　人為了掩飾自己的弱點，或是基於保護自己的心理，常常不由自主的編造一些謊言。此外，對於現實環境感到恐懼與不安，也會透過謊言掩飾。

　　其實，人只要具備從容處世的正面想法，就能面對現實，勇敢地淘汰思想呆板、毫無行動力的自己，並且根除自己的惰性，將以往的慣性想法拋到腦後，為自己創造一個屬於自己的全新行動準則。

　　若是希望對方從一開始就拒絕自己的請求，那麼這個要求必須是一些對方絕對不會答應的事情，藉此故意去拜託對方，這就是所謂的「門前處理法」。

　　例如，一個男人對一個女人說「我希望能和妳結婚」而遭到女方的拒絕，如果男人繼續對女人說：「既然這樣，我們就先做朋友吧」，然後再經常和這個女性約會，最後還是能達到「結婚」的目的。

　　這樣以退為進的作戰方式，就是所謂的「門前處理法」，為

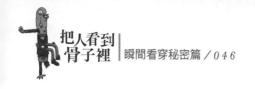

什麼這個說服的方法這麼有效果呢？

一、一開始就提出一些很大的要求的人，一旦遭到拒絕，就變為提出一些比較小的要求，那麼就會給對方留下一個這樣的感覺：「對方做出讓步了」，為了對對方的讓步有所表示，就會很容易接受對方的第二個要求。

二、如果一直拒絕對方，可能會給人留下很不好的印象。於是，就會答應對方一些比較小的請求，覺得「好歹也要給對方留下一些比較好的印象」，所以會輕易答應對方第二個比較小的請求。

三、由於拒絕了對方的第一個請求，會產生一些罪惡感，於是就藉由答應對方的第二個請求，來補償對方。

因為，被請求的人受到這樣的壓力：「既然第一個大型的提案不行，那麼就要接受對方的第二個提案。」

有的職員為了要向上司提出一些沒有前例的計劃，或者是很獨特的想法，那麼採取這樣的方法是一個很明智的選擇。

有一句話，叫做「媒妁之言」，意思就是「媒人所說的話，一定全部都是好話」。對於媒人來說，「即使多多少少撒一些謊，只要兩個人之間的緣分可以建立起來，那麼以後變成什麼樣子都沒有關係了」。

這是經過很長時間的經驗而總結出來的結論。

剛開始，向對方顯示一些偽裝的有利的條件，總之就是想盡辦法讓對方先答應下來再說。而到後來，就藉口說：「因為出現了一些不太方便的情況，所以請您也接受這個新的條件吧。」

採取矇騙性質的說服方法，就是要讓對方接受以前不接受的不利的條件，實際上，這些條件本來就已經設計好了。向對方拋

出好像可以到手的誘餌，先讓對方答應下來，這個方法稱爲「誘餌說服法」。

這個方法只能對一個人使用一次，可能不是最高明的辦法。但是，對於那些很頑固的人來說，這個方法可以做爲最後的手段。

一般人只要答應一個很有利的條件，就會對自己所答應的事件抱著肯定的想法。不管是什麼樣的條件，一旦答應了，就會覺得對對方有著人情和義理存在，這個「誘餌的說服法」就會奏效。

但是，在取消原來提出的有利條件，提出新的條件之前，必須使用言語很巧妙的解釋。如果解釋不好，可能弄巧成拙，會讓對方很生氣，斥喝一聲：「你開什麼玩笑！」就不再理會了。

因此，對解釋、說服技巧沒有自信的人，最好不要貿然使用這個方法，這是一個頗具難度的方法。

相反的，如果你懂得聰明機辯，只要能夠善用一些小技巧，就得以使自己的條件或計劃得到對方的同意。

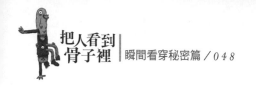
憑直覺做判斷，必須承擔高風險

透過直覺進行判斷，或依靠一定的運作法則來考慮事情的人，比較容易被那些巧口舌簧的人所矇騙。

美國社會心理學家卡魯笛尼在他的著作《影響力的武器》這本書裡面，曾經分析所謂的「卡茲、颯颯現象」。

「卡茲、颯颯現象」可以用來說明動物和人的行為。所謂的「卡茲」，就是指按下錄音機按鈕的聲音，「颯颯」就是指錄音帶轉動的聲音。

最能說明這種現象的是，有一種鳥叫做七面鳥，這種鳥的母鳥一聽到小鳥啾啾的叫聲，就會出現焦躁的反應。也就是說，啾啾的小鳥叫聲，就好像是錄音機的按鈕被按下，進行錄音的過程一樣，母鳥一聽見這樣的叫聲，就會產生一些反應，比如餵食小鳥的行為。

和上面提到的行為一樣，有很多人都認為價格高的東西一定就是好東西。「價格高」成了誘餌，就好像是錄音機的按鈕一樣；「這個東西是好東西」的內容就好像是錄音帶裡面的內容，一按下按鈕，內容就會播放出來了。從心理學家的角度來看，這個簡單的方法叫做「直覺判斷的方法」。

「直覺判斷的方法」並不是說只要根據這個方法就可以得到正確的答案，但是，它的使用方法很簡單，而且解決問題的可能性很高。通過直觀的判斷，背後就是「判斷的方法」在起作用。

許多人對日本職棒界的知名教練長島茂雄的評價是：他是透過「天生的直覺」來調兵遣將的。長島茂雄教練就是擁有「直覺判斷」的人，一旦他的調兵遣將運用得當，就能夠順利的展開比賽，讓球迷們興奮不已，但有的時候也會出現一些意想不到的愚蠢的舉動。

想要啟動作為導火線的謊言，就要把錄音機的按鈕按下去，讓錄音帶開始轉動。比如說，有的商家故意把賣不出去的商品，標上很高的價格，就產生了「卡茲、颯颯現象」，大家會覺得這個標著如此高價的東西就是好東西，進而衝動把賣不出去的商品買回去。

許多人對對方的謊言沒有懷疑，沒有深入地思考，就隨便答應了對方的請求，過幾天以後，才後悔說：「我被欺騙了。」但在後悔不已的時候，想著到底為什麼當時會這樣做，卻連自己都搞不清楚。

相信一定有許多人有過這樣的經驗。其實，很多人當時被「卡茲、颯颯現象」所矇騙了，是依靠直覺而做出的判斷。

和「直覺判斷方法」相對應的，就是「計算公式方法」。這個方法好像是數學的計算公式一樣，為了推導出特定的結論，而進行規律的手續和過程，這就叫做「計算公式方法」。

這就好像電腦上的應用程式，大部分就都是「計算公式方法」，只要通過一定的程式，就能夠讓電腦正確運行。

有不少球隊教練根據準確的資料來安排球隊的比賽。他們根

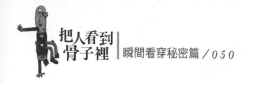

據「計算公式方法」，把收集到的情報和學習到的知識，運用最好的判斷方法來進行計算。

這樣的指導所產生的結果是，他們所帶領的球隊雖然很強，但是同時也比較死板，沒有趣味性。

根據「計算公式方法」來進行判斷，被欺騙、失敗的可能性相對比較低。但是，如果收集到的情報或者是知識出現了錯誤，那麼即使自己想要做出正確的判斷，得到的結果也可能是錯誤的。

透過直覺進行判斷，或依靠一定的運作法則來考慮事情的人，比較容易被那些巧口舌簧的人矇騙。

給了理由，就會忘記回絕

如果理由當中出現了「因為……」這樣的字眼，一般人都不會有太多的考慮，而是反射性地做出允許的回答。

「對不起，因為我想要影印這些資料，能不能讓我先用一下影印機？」

當你在使用影印機的時候，是不是經常有人來插隊？這種時候，你會怎麼做呢？大部分的人可能會說：「那你就先用吧」，然後讓給對方先使用。

有一個實驗以在圖書館使用影印機的人為對象進行調查，有百分之九十三的人會答應這樣的請求。但是再仔細思索一下，這個請求有著很值得懷疑的地方，對方說「因為我想要影印這些資料」，這樣的理由可以稱得上是要插隊先影印的理由嗎？

若是說：「因為這些資料很急著要用」，這個理由還算比較充分。但實驗結果指出，用這樣的理由請求，允許的比例是百分之九十四。這樣的結果很讓人意外，因為僅僅比原先的要求要高百分之一而已。

對於一般人來說，如果理由當中出現了「因為……」這樣的字眼，大都不會有太多的考慮，而是反射性地做出允許的回答，

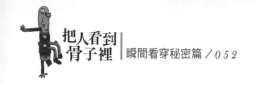
這個傾向是很明顯的。

　　也就是說，一般人在反應的時候，並不是對消息的內容進行考慮，而是對消息的類型進行考慮。

　　心理學家也指出，如果只是說「請讓我先使用一下」，那麼一般允許的比率僅僅為百分之六十。

　　如果有人向另一個人請求「你幫我做一下這個」，對方很有可能會說「我很忙，你不要來胡鬧」而拒絕他的請求。如果請求中出現了「因為……」的字眼，即使是謊言，也可能會被認為是一個理由，讓對方覺得「雖然我很忙，但是也沒有辦法，一定要幫忙的」，從而接受了請求。

小心被一時的言語迷惑而掏出腰包

利用迷惑的方式誘惑對方，誤導對方的判斷，
是那些汽車銷售商和房地產商人經常使用的方
法。

「這個可是法國製造的領帶，很貴喔。」如果有一個人對你
這樣說，送你一條領帶作爲禮物，你一定會很隆重地感謝對方。
即使這條領帶的顏色和款式都不是很合你的口味，你也會覺得「因
爲這條領帶很貴，而且還是法國製造的，一定是好東西」，而把
這條領帶的價值看得過高了。

有一個關於啤酒的品酒測驗。在六瓶啤酒當中，分別標著價
格，分成很貴的、一般貴的和很便宜的三個層次。有好幾個品酒
專家對這些啤酒的品質進行過鑑定，將這些啤酒分成高品質和低
品質的啤酒兩個層次，然後實驗人員在每瓶啤酒上貼上價格，這
些價格都不是眞實的價格。

品酒的結果是，一般民眾根本就沒有辦法像品酒專家那樣把
啤酒分成兩個層次，只會覺得：「貴的啤酒品質一定好，便宜的
啤酒品質一定不好。」

「貴的東西就一定是好的」，這個理論是經濟市場上很理所
當然的理論，「如果有什麼商品賣不出去，那麼就標上貴的標籤，

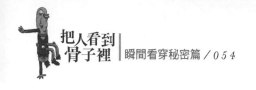
就可以很容易地賣出去了」。這個事例顯示人們常被虛假的價格朦騙了。

相反的，「便宜的東西就不好」這樣的理論也有著同樣作用。例如，突然降價的公寓或者是地價，不一定會有很多人高興地前來購買，即使真的非常合算，有的人可能會懷有疑問，認為「是不是有什麼問題才這麼便宜」或者「這會不會是一個騙局」而不敢放心購買。

「無論是誰都可以，請和我結婚吧。」如果有一個女性對外這樣宣稱，那麼可能背地裡很喜歡她的男性會認為：「她會不會是花癡呀？」

同樣的，若是老闆仍存有「價格只要便宜的話，就能夠有很多顧客」的想法，可能只是有「雉雞的淺薄智慧」而已。

期望丈夫能夠送名貴套裝的妻子，可以使用這樣的方法。

首先，和丈夫一起去一家很高檔的百貨公司，對丈夫說：「我們只是去看看而已。」然後在賣珠寶的櫃檯前，對著一個擺滿了超級貴的珠寶鑽石的玻璃櫃一直看很久，而且對丈夫用很吃驚口吻說：「哇，這個鑽石要三百萬元呢！」

這個時候即使妻子沒有對丈夫說：「我好喜歡，好想買」，丈夫的心情一定也不怎麼好受，情緒一定會有一點低落。

接下來，妻子就帶著丈夫到女裝部。再怎麼貴的衣服，肯定不會有剛才看到的寶石貴，而且這個時候看到套裝的價格，心裡就會覺得：「這個好便宜。」

借助這樣的心理，妻子如果說：「這個竟然這麼便宜」，一般而言丈夫就會點頭同意：「是的，的確是很便宜」，因此而心甘情願地掏出腰包，買下這件套裝。

　　這種方法是聰明的妻子採用的購物手法，是利用「對比」的戰略。「對比」的戰略雖然並不是撒謊，但卻是一種利用迷惑的方式誘惑對方，誤導的對方判斷，是汽車銷售商和房地產商人經常使用的方法。

　　比如說，把車身的價格設法壓到很低的程度，先讓顧客把汽車買下來。然後對這些顧客介紹一些汽車的附加裝置，並對顧客說：「這些東西都很便宜。」

　　很多顧客都會覺得「這些東西的價格比起汽車的價格，的確是很便宜」，接著銷售人員會不斷追加一些顧客本來不需要的零件。透過這樣的「對比」策略，銷售員甚至可以把顧客買車時所打的折扣統統賺回來。

　　松下電器的松下幸之助也使用過這種「對比策略」。

　　有一天，山下俊彥社長被大老闆松下幸之助斥喝了一番，心情很不好地回到家中，就在剛回到家時，松下幸之助打來了電話說：「我剛才有點說過頭了，當時是因為太生氣了，才會那樣斥責你。」然後再說明他為什麼要指責山下俊彥的原因，最後還鼓勵山下俊彥說：「我希望你今後還能夠繼續努力。」

　　對於剛受到斥喝的山下俊彥來說，一時間聽到這麼有人情味的話，馬上就覺得「這也是為了大家好才這麼做的」，憤怒的情緒一下子就沒有了。這就是在批評別人之後，再取回對方信任與情感的傳達人情的方法。

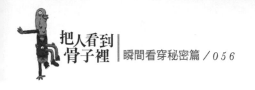

有了你的期待，我會更加厲害

上司和同事們若是對一個職員抱著很大的期望，那麼這個人漸漸就會變身成為一個真正有能力的職員。

希臘神話中，有一個關於皮格馬利翁國王的傳說。

據說，皮格馬利翁國王擅長雕刻，有一次，完成了一座用象牙雕刻而成的女性的雕像，因為這座雕像實在太美麗了，國王不禁愛上了雕像，於是，想盡辦法要把這座雕像變成現實中的人。

看到皮格馬利翁國王如此癡情的樣子，一個叫做阿菩羅締斯的天神被皮格馬利翁國王單純和勇敢的愛情感動了，於是就賦予這座雕像生命。最後，皮格馬利翁國王就和這個女性結婚了。

我們的生活中，像皮格馬利翁國王那樣內心有某種期待，認為「也許有一天對方會做出自己所期待的回應」，這樣的現象就稱為「皮格馬利翁效應」。

心理學家曾做過這樣一個心理實驗。首先，在一個小學生的班級當中，讓所有的學生都參加一個智力測試，測試的結果出來之後，做出以下的說明：「從這個測驗的結果中，我們可以預測到將來比較有潛力的學生，這個測驗的結果我不會公佈，但是老師會把將來比較有潛力的學生是誰告訴大家。」

接著，老師就在班級上宣佈有潛力的學生名單。

這個實驗過了大概半年，再進行了一次和以前一樣的智力測驗。那些之前被老師宣佈是「比較有潛力」的學生，成績居然明顯地提高了。而且還不僅僅是這樣，這半年中，那些被老師宣佈為這些學生的學習慾望也大大增加了。

事實上，那些學生的名單只是隨意抽選出來的，而且當時所說的成績，也比實際成績要高。本來這樣的實驗是不能在教育領域進行的，但是為了研究的目的，測試人員知會導師的是假的結果。

導師被告知的是：「這五個學生測試的分數很高，將來很有潛力。」那些孩子們的成績後來都提高了，其中的理由就是，老師對於這些孩子抱有期待感，並沒有看透這是一個謊言。也就是說，「皮格馬利翁效應」起了作用。

進行這個研究的心理學家羅傑松魯認為，「人對於對方的期待，會有很敏感的反應」，實驗中那些感覺到「受老師期待」的學生們，為了要回應老師的期待，就會積極地投入學習。

這個研究是以小學生為對象進行的，在經濟領域也同樣存在這樣的現象。

如果在報告書上寫著：「他是一個很有能力的部下」，即使其中有一些虛假的成分，上司看到這樣的報告以後，對於這個部下的看法可能也會有所改變。反過來說，若是上司看到了部下的優點，鼓勵他「你應該還有發展的空間」，又會出現什麼樣的結果呢？

上司所期待的「有能力的部下」，可能就會充滿幹勁地投入到工作當中，就好像有一句話所說的：「即使是豬，只要給牠一

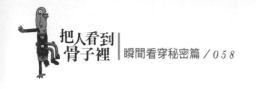
些鞭策，牠也有可能會爬樹。」好好運用「皮格馬利翁效應」，就可以發揮培養的作用。

　　「他是一個很有能力的人」或者「她是一個將來很有希望的女性……」等等的評價，即使多多少少有一點虛假的成分，但是如果上司和同事們一直提起這件事，會出現什麼樣的結果呢？

　　根據羅傑松魯的研究，上司和同事們若是對一個職員抱著很大的期望，那麼這個人漸漸就會變身成為一個真正有能力的職員。

　　要提高部下的能力和他們的工作熱情，並不是一件簡單的事情。但是，即使是謊話，只要能夠提高部下的工作能力，只要能夠稍微得到好的結果，這樣的謊言也就不會白費了。相反的，如果部下感覺自己並沒有受到上司的期待，那麼他的工作動力可能就會慢慢地下降。

找機會把自己的期待說出來

要把自己的心情表達出來。如果沒有使用一些
充滿期待的話語或者是行為，不管你真的抱著
什麼樣的期待，也很難傳達給對方。

　　許多失意的人都自以爲在現實殘酷的社會裡懷才不遇，其實，
失意的眞相只有一個，那就是不夠努力。

　　一個人會不會締造傲人的成就，不是取決於是否具備過人的
天資，也不在於比別人擁有更多運氣。因爲，所謂的天資是主觀
的認定，運氣則是抽象的認知，兩者並沒有客觀的衡量標準。

　　是否具備達成自己理想的強烈慾望，才是成功與失敗的眞正
原因。

　　想要成功的慾望越強烈，人就越會努力奮發，越會激勵自己
超越別人，用盡各種可能的方法爲自己創造機會。

　　所謂的命運就是運行不止的生命，命運是變動不羈的，只要
勇於面對，沒有人能決定你的命運一定會如何。

　　改變命運的機會就蘊藏在積極的行動之中，一個毫無行動力
的人，永遠都不可能找到什麼好機會，連「狗屎運」都碰不到。

　　一個教師對一個剛剛進入書塾的少年說：「你將來一定會很
有前途，甚至可以成爲一個大政治家。」

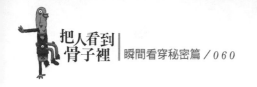

　　這個少年就是後來成為日本明治時代的第一個首相伊藤博文。他對老師的期待做出了反應，為了回報老師的期待，比平常人更努力。

　　結婚儀式上，公司的負責人常常會這樣致詞：「新郎是本公司一個很有前途的人才，希望他的大喜之日過後，在公司有更好的表現和發展。」

　　或者有的人對剛進公司的員工說：「我們大家都很期待你的表現。」

　　或者有的女性對自己的男朋友說：「我很期待你有一個很好的將來。」

　　像這些期待的話語，也許是很重要的，但是因為不同的使用場合，有時候反而會讓對方覺得很掃興。因為這樣的話有時候讓人聽了會覺得：「他只是在說一些場面話而已」，或者覺得「他大概不管對誰都會說同樣的話吧」。

　　為了不讓對方覺得掃興，要怎麼樣說，才能夠真正表達自己內心的意思呢？心理學家曾經對「受到期待」的小學生進行調查。

　　第一點，通過言語的反應來表達期待。對於那些「受到期待」的小學生們，老師有著下面的回答。

　　1.當他們的答案正確時，要及時表揚他們：「你做得非常好。」

　　2.即使他們的答案是錯誤的，也絕對不會批評：「你怎麼連這個都不懂？」

　　3.他們的回答不對時，改變提問的方式，增加一些可以想到正確答案的提示，或者從比較小的問題開始問起。

　　第二點，通過言語以外的行為或者是動作來表達期待，對於

老師所期待的學生，採用以下的方法。

1.說話的時候，對這樣的學生要探出身子，表示自己對他的重視。

2.絕對不會背對著他們說話。

3.頻繁地透過視線來傳遞自己的意思。

4.很頻繁地點頭表示贊同。

5.經常面帶微笑地對著他們。

這些表示期待的言語和行為，不管是上司對部下，還是在談判的場合，或者是父母親跟孩子之間，都是非常適用的。如果行為沒有和自己的言語相對應，就算對對方說：「我對你抱有很大的期待」，也很容易讓對方覺得「都是在撒謊」或者「他的話裡面有一半是在撒謊」。

心裡抱著「我對你是深具期望的」或者「你一定要明白我真正的心意」這樣的情感，有機會就要把自己的這種心情用各種行為表達出來。如果沒有使用一些充滿期待的話語或者是行為，不管你真的抱著什麼樣的期待，也很難傳達給對方。

PART₃

洞悉說謊的深層心理

在一般人眼裡，

說假話或不信守承諾都是操守欺騙的行為，

說明了這個人的人格和存在著問題。

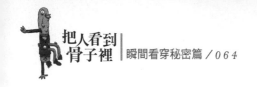

洞悉說謊的深層心理

在一般人眼裡，說假話或不信守承諾都是操守欺騙的行為，說明了這個人的人格和存在著問題。

人為了掩飾自己緊張的心理狀態，或是擔心別人知道自己某個不欲人知的弱點，在許多場合之中，經常會一邊客客氣說話，一邊頻頻觸摸身體的某些部位，或是玩弄身邊的東西。

這種時候所說的話，通常都是空話，不必太過當真。

懂得運用肢體語言代表的概念，洞悉別人內心深處隱藏著的意志和感情，同時進行各種心理狀況分析，可以幫助我們更加了解人性。

現實生活中，有些人非常善於巧飾隱瞞，也經常說謊，但我們仍能根據心理學，尤其是肢體語言，發現他們心中潛藏的秘密。

德國的心理學家休德魯進行了這樣的定義：「說謊，就是試圖透過欺騙對方，來達到目的的有意識的行為，是虛偽的談話。」

而且，他還認為，騙子具有以下的特徵：

一、具有虛偽的意識。

一般而言，騙子對於自己要說的話，與事實不相符合的情況，是十分清楚的。

二、具有欺騙的意識。

意圖讓對方相信自己所說的和事實不符合的話，有計劃地把謊言偽裝成事實的心理。

三、本人十分清楚欺騙的目的，而且還有想要逃脫罪名和懲罰，保衛自己不受外界攻擊的心理。

雖然這樣的目的是由於利己的心理而產生的，但是，偶爾也會看到試圖幫助別人的動機。

有的人會被認為說謊是記憶出錯、想像出錯、判斷錯誤，或者說錯話等等，如果沒有很明顯的虛偽意識和欺騙意圖，那麼就不能把這件事定義為「說謊」。

也就是說，在一般狀況下，如果當事人只是說「我不記得有這樣的事情」，那麼就不能斷定他是在說謊。

但是，「我不記得有這樣的事情」這句話如果真的是用在說謊的場合，就表示當事人是想逃脫罪責或者懲罰，想保護自己。

大部分的情況下，是當事人想要保護自己的利益，所以才撒謊說「我根本就不記得有這樣的事情」，但是，有的時候，有些人說這樣的話，是為了保護上司和朋友，才把所有的罪責都攬在自己的身上。

心理學家彼得森，把「撒謊」分成「撒謊的意圖」和「撒謊的結果」兩個獨立的層面，並且從這兩個層面進行分析，分別可以分成以下三個次元。

第一、關於撒謊的意圖的三個次元：

1.故意性：也就是到底有沒有要欺騙的意圖。

2.動機：意圖的內容是有利自己的還是有利於他人的。

3.結果：有沒有事先預見到結果。

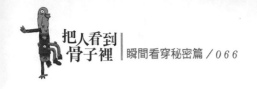

第二、關於撒謊的結果的三個次元：

1. 真實性：與事實有多大程度的偏差。

2. 信用性：對方對你說的謊話是不是相信。

3. 本質性的結果：對方由於你所說的謊話，受到了什麼樣的損害或者是受益。

不論基於什麼理由說謊，結果都可能會被烙上「因為這個人說了謊話，以後都不可以信賴」這樣的印象。

因為，在一般人眼裡，說假話或不信守承諾都是欺騙的行為，說明了這個人的人格和操守存在著問題。

說謊的人總有一大堆理由

透過努力，企圖歪曲事實，這樣的謊話，一旦
被發現客觀的證據，就會馬上瓦解，這就是所
謂「對事實真相的歪曲、掩飾」。

　　「撒謊」這個詞的意思有很多，包括「不守信諾」、「對事
實真相的歪曲或掩飾」、「虛偽的」……等等。

　　「不守信諾」是我們最常見到的狀況，例如不守信諾的人會
被公認為「撒謊的人」。但是，這樣的人卻經常辯解說：「我並
沒有說謊，我已經盡了我的最大努力，但是，結果還是變得如此
的出人意料。」

　　意思也就是說，他本人事前所說的都是真心的，但是由於一
些意外的發生，導致事情沒有照他意料的發展，或是無法兌現承
諾，因此，他認為自己並沒有說謊。

　　有些政客或企業總經理，被別人檢舉有收受賄賂的行為之時，
為了保全自己，常常對外界宣稱：「我不記得有這樣一件事情」
或者說「我從來就沒有聽說過這樣的事情」……等等話語，試圖
遮掩或歪曲事情，為自己進行辯解。甚至做出銷毀有關資料、編
改帳本、和同夥們串通口供等情事。透過這些努力，企圖讓人們
認為根本就沒有這回事。

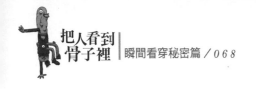

　　這樣的謊話，一旦被發現客觀的證據，就會馬上瓦解，這就是所謂「對事實真相的歪曲、掩飾」。

　　至於「虛偽的」意思，是指一些蓄意欺詐的人對別人「我是大學教授」、「我還是單身」、「我和某某政要的關係很好」、「我的親戚是大企業家」等話，或是用一些花言巧語來騙取女性的信任，並進行結婚詐欺、金錢詐欺等等犯罪行為。

　　在日常生活中，我們很容易脫口說出「你騙人」這句話，但是，如果指責對方說「你是個騙子」的話，那麼不僅雙方的感情會一下子冷卻，而且對對方的人格也是很嚴重的傷害。

　　有的人被別人拜託說：「請你在明天之前把這個工作做好」，但是，被拜託的人卻沒有按時完成，也就是沒有遵守承諾，於是拜託的一方就會生氣地責備被拜託的一方，說他是「騙子」。

　　在這種時候，被拜託的人應該要考慮到對方的困難之處，即使自己可能蒙受什麼損失，也應當盡力完成工作。因為，假如一開始的時候，拜託的一方就先聲明：「這個工作可能很困難，但是，應該能準時完成」，而被拜託的人也接受了，到時候，工作卻沒有完成，難免會被人說成是「騙子」。

　　相對的，拜託的一方雖然因為對方失信而蒙受很大的損失，但是，如果將心比比，有著「他已經盡了最大的努力來工作了」這樣的想法，那麼也就不會生氣地責備對方是個「騙子」了。

越是荒唐的話，越會信以為真

> 患上狂言症狀的人，不僅會把事情說成是完全
> 相反的，而且，本人甚至還認為自己所說的就
> 是事實。

　　即便與實際情形差異很大，當事人還是認為他所說的話就是事實，心理學家把這樣的情況叫做「病理性的狂言症狀」。

　　曾經有過這樣的案例，在一個電視節目上，一個大概二十幾歲的年輕人在節目上很驕傲的說：「我有五到六個女朋友，我每個禮拜都分別和她們約會，而且，每次都送她們很貴重的禮物。」

　　但是，不管從這個年輕人的打扮還是外表上來看，怎麼都不像是這樣的人。因此，現場來賓或電視機前的觀眾都覺得：「不管從哪個角度來看，這樣的事情對他來說都是難以想像的。」

　　這就是所謂的「病理性的狂言症狀」。患上狂言症狀的人，不僅會把事情說成是完全相反的，而且，本人甚至還認為自己所說的就是事實。

　　這樣的人很容易把事實和幻想混合在一起，分不清楚自己所說的是過去的事情還只是某種想像中的事情。特別是當這樣的人什麼都得不到的時候，他們就會更加說出一個接著一個的謊言。

　　他們表現的這些特點和普通人撒謊是不一樣的。

就先前提到的那個例子，與其說那個年輕人是病理性的症狀，還不如說是有吹牛的癖好，他甚至可能在另外一個地方，很得意地向別人公開宣佈說：「我有十個女朋友呢！」於是，周圍的人都會馬上就意識到：「這個人在說謊。」

這種愛慕虛榮又喜歡吹牛的人，經常見於那些有著歇斯底里症狀的人群當中。另外，意志薄弱、沒有什麼行為能力的人，也經常出現這樣的症狀。

喜歡吹牛的人，通常都具有以下的特徵：

1. 虛榮心很強。想做到自己的實力所能達到的範圍以外的事，並展示給別人看。

2. 爭強好勝，自我中心主義。

3. 很容易受到別人的慫恿，也很容易被別人奉承的話沖昏頭。

4. 很小孩子氣。

5. 意志很薄弱。

6. 對流行很敏感。

7. 不懂得節約，很浪費。

8. 看起來好像很熱情，但實際上是性情很冷漠的人，只不過是在大家面前裝出很熱情的樣子而已。

9. 如果覺得生病會給自己帶來好處，就會出現「生病」這樣的「逃避現象」。這樣的情況和因為裝病而撒謊是不一樣的，而是真的身體出現了生病的狀態。比如，他們會說由於天氣的原因，身體不舒服，或者出現偏頭痛、頭暈、失眠、食慾不振、容易疲勞等症狀，甚至極端的還有休克的症狀。

10. 心理恐懼症狀。例如，非常擔心自己會罹患癌症或是愛滋病等致命的疾病，非常喜歡吃藥、打針。

　　喜歡吹牛的人，習慣透過對方的喝彩和鼓勵來滿足自己的慾望。只要對方對自己說的話能全心投入，表現出興趣，受到感動，或者投來尊敬的目光，他們就會覺得再也沒有比這個更加讓他們高興的事情了。

　　為了滿足自己的慾望，他們不僅僅撒謊，只要能讓對方相信、肯定自己，他們也願意說一些迎合對方的話。

　　為了得到對方的歡心，他們會信口開河地說出諸如「我和某某政治人物的關係很好，下次我介紹你給他認識」之類的話來。

　　大話和謊話說多了，最後就會變成習慣性的撒謊。如果不懂得拆穿謊言，而把這種人說的話當真，不久一定會丟很大的臉。

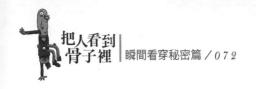

判斷對方是真病還是假病

裝病，才是真正的撒謊行為。當職員打電話來說因為生病要請假的時候，有的人是因為心理上出現了逃避現象，從而導致身體的病情。

　　人性是相當難解的，儘管有的人表現得信心十足，或是謊話連篇，但內心仍有脆弱的一面，而在無意識中，以各種動作將這些秘密都表露無遺。

　　人的自律神經是大腦無法控制的自動裝置，當人們受了外來的刺激，自律神經馬上就將它傳達到身體各部，同時在潛意識中表現出許多舉動來，而這些微妙的變化，就是我們進行觀察之時要把握的重點。

　　有些人容易出現一種現象，心理學家稱為「虛構症」。典型的例子是，有一個叫做「洛夏墨跡測試」的心理實驗，讓一個人看著一個墨水的印記，看看他會聯想到什麼東西，有的人就製造出和此圖案毫無關係的故事出來。當然，並不能說虛構故事的人就是在撒謊，但卻可以斷定他們是在胡說八道。

　　關於「虛構症」，最有名的人物是十八世紀德國的繆爾西哈吾瑟男爵了。他雖然曾經參加過土耳其戰役，但是，使他更加出名的原因是──他是幻想故事《男爵的冒險》的主人翁。

　　《男爵的冒險》裡，有這麼一段描述：「有一天，我要去湖邊獵鴨子的時候，剛好沒有子彈了，我就把燻豬肉掛在繩子上，投到了水裡。這時候，有一隻鴨子游過來要吃燻豬肉，但是因為燻豬肉很滑，鴨子就把頭浸到水裡，只露出一個屁股在水面上。接著，越來越多的鴨子游過來吃燻豬肉。這些鴨子大概有十幾隻，牠們叼著燻豬肉飛上了天，而我就這樣牽著這些鴨子，回到了家。」

　　聽了如此荒唐的故事，應該很少人會生氣地斥責胡說八道。因為，說著這樣荒唐的故事的人，只不過是想贏得別人的喝彩和掌聲，來滿足自己的幻想慾望而已。大部份的人都知道這樣的故事只不過是編造的想像情節。

　　有一種病情，叫做「早晨八點鐘的頭痛」，這是一種逃避應該面對的事情而衍生的現象。例如，有的小孩子很討厭去上學，一到上學的時間，他們就會出現頭痛等身體的不適的症狀。他們會抱怨「頭好痛」或者「肚子有點不舒服」，所以「今天沒有辦法去上學」。

　　人一旦對自己的生活出現適應困難的現象，在被這樣的條件逼迫的情況下，身體就會出現缺乏應對這個情況的行為，使得身體的機能出現異常。比如手會發抖，寫不了字，或者眼睛模糊，看不了書本，甚至身體不舒服，沒有辦法去上學……等等奇奇怪怪的症狀。

　　就客觀情形而言，這些症狀和謊稱生病是不一樣的，這樣的情況是在本人毫無意識的情況下產生的。

　　有的公司職員，打電話給公司說「今天頭很痛」而不去上班，實際上他是真的頭痛。但是，上司卻會生氣地責備說：「你不要

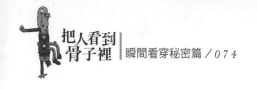
裝病。」

在這種狀況下，也許部下就會覺得很不滿：「我可是真的生病了，為什麼上司不能體諒我呢？」

由於逃避而產生的病情，一旦上班或者是上課時間一過，症狀就會馬上消失，這就是這種逃避心理的特徵。因為，到了這個時候，會想著「就算現在去上班也來不及了」，於是頭也不痛了，可以在家裡看看書、聽聽音樂，輕鬆地度過。

有的公司職員為了跟女朋友約會兜風，會煞有其事地打電話到公司請假說：「今天我身體不舒服，請讓我請假一天吧。」

這樣的行為就做裝病，這才是真正的撒謊行為。因此，當職員打電話來說因為生病要請假的時候，有的人是因為心理上出現了逃避現象，從而導致身體的病情，本人並沒有撒謊的意圖，所以，就不能責備這樣的職員說：「你不要撒謊了。」

「光環效應」常讓騙子得逞

光環，本來是指神像背後的光圈或者光環，正
是因為有了這樣一個光環，所以神像看起來會
讓人覺得很了不起。

　　關於結婚詐欺的案件正逐年增加，充斥著社會新聞版面，曾
有專家指出，其實，還有近十倍以上的人受騙沒有報案。

　　那些欺騙者宣稱自己的工作都是一些令人羨慕的職業，比如
科技新貴、醫生、律師、教授……等等，這些都是一般大眾喜歡
的行業。這些職業有一些共同的地方，就是薪資很高，但是，一
般人對這些職業真正的工作內容又不是很瞭解。這些詐欺犯所運
用的就是「光環效應」。

　　日本曾經發生過一件有名的詐婚案例，有一個人自稱是布林
斯‧喬納‧庫西爾，有著高高的鼻樑、金色的頭髮，總是穿著潔
白的海軍服裝，開著他的愛車到處兜風。他宣稱自己是伊麗莎白
女皇的外甥，一旦他結婚，女皇將會給他三億元的開支，乍看之
下是一個有著令人羨慕的身分的男子。

　　實際上，這個男人當時已經四十幾歲了，而且是一個道道地
地的日本人，身長、腿短，鼻子是整形手術的產物，頭髮是染過
的。即使他鼻樑很高，頭髮是金黃色的，但是因為個子矮，怎麼

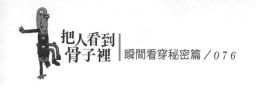

看都不像是外國人。

然而，這樣的男人，竟然能夠以結婚為藉口，從不同女性那裡騙取了四千萬元的鉅款，他是一個以結婚為幌子，來進行欺詐的騙子。據說，他用同樣的手法，一共把五位女性玩弄於股掌之中，讓人覺得十分可笑。

所謂的「光環效應」，就是說，如果一個人有一個地方很顯著、很優秀或者是有什麼地方很壞，那麼人們就會覺得他所有的地方都是很好、很優秀的，或者所有的地方都是很壞的。

光環，本來是指神像背後的光圈或者光環，正是因為有了這樣一個光環，所以神像看起來會讓人覺得很了不起。

習慣詐欺的人經常利用這樣的光環效應，增加得逞的機會。

譬如，一位名為條原誠的日本作家就是箇中高手，到了五十二歲時，就犯下十二件詐欺案件，總共要服刑十四年，是一個詐欺慣犯。

曾經有一張關於他的照片，登在報紙上面，這是他參與一起五億日圓詐騙事件曝光時的照片。照片上面的犯人條原誠，抱著一個年約五、六歲的小孩子，旁邊就坐著當時的首相田中角榮，讓人看上去，好像他們是平等的兩個很有名的人一樣。

這個條原誠實際上只不過是一個很善於展現自己的權威和信賴感的人，只是很會演戲而已。那張照片，是他出版的書籍《首相田中角榮》裡面的一張照片，是他出版這本書的時候，在田中角榮東京的官邸中照的紀念相片。

另外，在美國洛克希德公司行賄田中角榮的事件判決之前，他還藉著「支援田中首相聯合會」的名義，到處向民眾們宣傳「田中首相是無罪的」。

可是，這個所謂的「支援田中首相聯合會」，只不過是條原誠為了展現自己和田中角榮的關係有多麼好，而特意上演的一齣鬧劇罷了，事實上「支援田中首相聯合會」根本就不存在。

條原誠利用作家的身分偽裝，透過利用田中角榮的形象以及權力，提高自己的社會地位，獲得了社會上不知情的人信任。

所謂的紀念照片也好，「支援田中首相聯合會」的活動也好，都是為了提高他自己的光環效應而使用的一些小小道具而已。

另外，根據比較行為學家的說法，透過小孩子的可愛行為，可以產生一定的鎮定效果。例如，澳大利亞的原住民跟其他的種族進行交涉的時候，經常會把面前的小孩子拉近到自己的身邊，把手放在小孩子的肩膀上，然後進行交涉。

剛才提到的紀念照片當中，也出現了一個小孩子，比較行為學家說，那就是為了緩和田中角榮的警戒心理而使用的一個道具。看來，連習慣騙人的田中角榮也被條原誠的手段欺騙了。

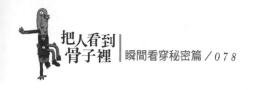

懂得撒謊，代表智力成長

一旦孩子能夠自由使用語言，就會開始用一些很高明的謊言。當小孩子能夠嫻熟地使用謊言，就證明他們漸漸達到了智慧發展的頂峰。

在謊話的種類當中，既有毫無惡意的謊話，也有本質很惡劣的謊話。有的是為了不讓對方受到傷害才撒的謊，也有的是為了讓對方陷入到圈套當中所撒的謊。還有的謊話是為了逃避懲罰，而有的謊話則是為了得到榮譽。

雖然大家都說撒謊不好，但是卻沒有想到，人從很早就開始撒謊了。

比如，有的小孩會裝睡，大人叫他的時候，他就假裝打鼾，使用了高超的演技；有的小孩，明明在看一本很熟悉的畫冊，但是卻裝做不懂的樣子。

此外，有些小孩子如果周圍的人所說的話不太合他的意，那麼他可能就會裝做沒有聽見。

這種時候，他明白用一些單純的拒絕、否認的做法，或者是用哭喊、反抗等手段，是沒有什麼效果的，或者說這樣的行為很消耗體力，於是，孩子就採取比較簡便的，而且比較有成效的——「裝做沒有聽見」的反應。

　　大人們總是懷著「孩子們都很單純」的想法，但是事實卻不是如此，孩子也會透過各種方式，產生很多欺騙大人的行為。

　　根據美國心理學家博魯‧黑格曼的長期調查研究，發現孩子撒謊的種類，其實並不會比大人少。

　　當然，孩子們不可能掌握所有的撒謊種類，而是在不斷成長的過程中，一點一滴學習各種說謊的方式，最後逐漸進入到大人的世界當中。

　　心理學家麥克魯‧合伊多認為，「當孩子第一次向家長撒謊時，也就是孩子能夠擺脫家長的束縛，獲得自由表現的時候。」

　　從這個角度來看，當孩子開始向家長撒謊的時候，其實也就代表了孩子能夠從依賴家長，發展到自立的時候。

　　原來，撒謊這個行為當中，還包含了這樣重要的意義。

　　對於剛剛出生的小孩子來說，世界處於一片混亂的狀態，意識當中是沒有所謂自己和他人的區別的。過了這樣所謂的「發展初期」之後，孩子就會開始意識到母親是區別於自己的一個個體。

　　孩子開始有個人差別的意識，是從大概六個月到兩歲左右的這段期間。

　　當孩子進入到明白自己以外的個體存在，明白有別於自己的個體所說的話的時候，也就是孩子開始懂得撒謊的時候。或者換句話說，孩子開始會矇騙別人了。

　　前面提到裝做沒聽見周圍大人說話的孩子，當他們長大了，到了語言和行動都比較自由的時候，再碰到這樣的情況，可能就不僅僅是裝做沒有聽見了。他們可能會從現場消失掉，或者是改變一個話題，開始另外一個行為。

　　他們會故意使用這些手段，而且漸漸變得很善於使用這類手

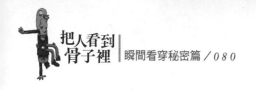

段。一旦到了孩子能夠自由使用語言的階段時，就會開始用一些很高明的謊言。

常常聽到有人說：「小孩子是很單純的。」其實，孩子們並不單純，而且越是明白撒謊，孩子的智慧發展得越好。當小孩子能夠嫻熟地使用一些謊言的時候，就證明他們漸漸達到了智慧發展的頂峰。

不必把「外交辭令」當真

僅僅在一定的特殊場合才說的話，就是所謂的
「社交辭令」。撒謊和外交辭令還有幽默其實
都是有相近關係的。

　　現實生活中專門裝飾自己外表的人很多，如果你不想老是被他們牽著鼻子走，那麼就得放聰明一點，不能單單靠著表面現象就去評斷事物，更不能根據外表和言詞去論斷一個人，才不會吃虧上當。

　　在現代社會中，人際關係就猶如空氣一般，誰也脫離不開這張無形的巨網，但是，光靠廣泛的交際，無法建立良好的人際關係。你必須了解誰是專說謊話的小人，小心而嚴密地加以提防，也必須知道誰才是值得你用心交往的對象，然後讓彼此的關係更緊密。

　　想要建立良好的人際關係，首先必須判斷什麼是真話，什麼是假話。

　　想像一下，若是有一個社會是不允許一切謊言存在的，在這樣的環境下生活大概會覺得日子過得很貧乏的，甚至會讓人有快要窒息的感覺。

　　即使是處於重視法律的社會中，也要有空間能夠合法地撒謊。

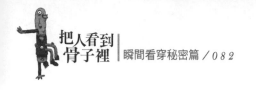
可以這樣說，愚人節的產生，就是為了讓人可以隨意的撒謊，從而得到心理的釋放。就只有在愚人節這一天，人們可以不必擔心信譽、社會地位之類的形象，全心全意進行撒謊比賽。

很多時候，「社會默契」也允許地位高的人對地位低的人含糊其辭，例如，在政治界，如果對方說「會盡可能儘快處理」，那麼其中的意思就是「等我有機會再做」，如果說「我感到非常遺憾」，實際上就是說：「我其實並不這麼認為，只是在這樣的場合下，只好這樣打圓場。」

說話的人言不由衷，聽話的人也多少明白這些話的含義。

什麼樣的場合就說什麼樣的話，這已經漸漸成為一種「社會默契」了，一般人是不會把別人在某個場合說的某句話當真的，而且在教育孩子的時候，也會在不知不覺之間把這樣的「默契」教給下一代。

比如說，有的小孩了經過一家商店，看到自己很喜歡的東西，就賴在街上不走了，甚至還哭鬧著要買。在這樣的場合下，父母親並不會把這件事當成一個實際的問題來處理，也不可能真的把小孩子丟在路旁，不去理會，即使說著：「你再這樣，我可就不管你了，我要走了」，也只是稍微威脅一下而已。

或者有的父母親比較心軟，不會告訴孩子「這樣的東西，我絕對不會買給你」，而是就順著孩子的意買給孩子了。

又比如說是在人很多的地方，孩子實在是太吵鬧了，父母親感到難為情，就會說：「我下次不會帶你來了。」

在西方這樣實事求是的社會當中，一旦說出口的話，就一定要履行。也就是說，真的下一次就不帶孩子來了。但是，在東方社會，連小孩子都知道，這一類話父母只是在當時說說而已，絕

對不會當眞。

　　正是因爲父母親說的話和做出的事是不一樣的，所以很明顯的，他們就是在撒謊。但是，在父母親的意識當中，這些話只不過是因應當時的場合說說而已，並沒有想要撒謊的意思。

　　一位心理學教授說道：「僅僅在一定的特殊場合才說的話，就是所謂的社交辭令。撒謊和外交辭令還有幽默，其實都是有相近關係的。」

　　「不許撒謊」，不管在哪個國家都是一種社會共識。因此，在重視法律的社會當中，代替「撒謊」的「幽默」就特別發達。在言語曖昧的政治環境，就很盛行並非是撒謊的「外交辭令」。

　　孩子們當然是以身邊的大人們爲榜樣來學習的，因此，生活在這樣的社會環境下的孩子，很小就懂得「撒謊也是爲了方便」和所謂「外交辭令」的謊言。這樣一來，社會上充斥著謊言也就沒有什麼值得大驚小怪的了。

PART₄

撒謊是人際關係
的潤滑劑

「撒謊是人與人之間的潤滑劑」。

大概有百分之七十到八十的人承認

「偶爾撒一點謊，也是不得已的情況」。

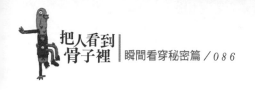

政客最擅長睜眼說瞎話

政治人物的這種睜眼說瞎話的撒謊模式，會隨著「政客」這個職業的存在，而被不斷地重複使用。

　　法國文豪雨果在他的著作《鐵面人》中，曾經這麼譏諷地寫道：「天底下最可憐的笨蛋，是那些從來不懷疑別人可能言行不一，而對別人所說的話一味地信以為真的人。」

　　確實如此，現實生活中，專門欺世盜名卻沾沾自喜的騙子並不在少數，如果不懂得透過觀察看穿他們虛偽的一面，就經常會迷惑於他們的聲名而遭到誆騙，甚至因為他們的謊言而吃虧上當。

　　要洞察一個人的真實面貌，重點並不在於聽他的嘴巴說了什麼，而是用眼睛看他究竟是怎麼辦事的。

　　從典型的政治人物的謊言中，可以引導出以下四種「疑惑處理方法」，行為心理學家曾以分析謊言的方法，嘗試分析他們說謊的步驟和心理狀態。

　　所謂的「疑惑處理方法」，就是指政治人物為了證明自己是無罪的，而開展了一系列為自己開脫的典型行為。

　　一、一旦被別人懷疑收受賄賂或涉嫌利益輸送，政治人物特別會很氣憤地否認：「我一分錢都沒有拿。」

　　二、如果被別人發現有收賄的可能性，就會對外宣稱：「你去問一下我的秘書（或者是有關人員或者妻子）。」還會說：「我問過了，但是，他們都說沒有拿。至於我自己更是不會拿了。」

　　三、如果事情終於到了無法隱瞞的時候，就會裝出是被害者的樣子，對外宣稱：「是秘書（或者是有關人員或者是妻子）拿了，但是沒有告訴我。他們沒有對我說出實話，我自己也被蒙在鼓裡不知道。」

　　四、到了最後，政治人物還是會說：「我自己並沒有犯下什麼過失，但是卻讓黨和支持我的民眾感到為難，在社會上鬧出這麼多事情來。」試圖透過這些話，來表達自己「自責」或者是「承擔責任」的心態。

　　當然這些都是政治人物在裝腔作勢，只是想讓自己受到最小的損失，頂多也只是一時之間被迫離職而已。

　　那麼，政治人物在各個階段會有什麼樣的謊言呢？根據行為心理學家的分析，這些階段通常分成以下幾個小點來展開。

　　一、雖然接受了別人的賄賂，卻對外宣稱「我沒有接受賄賂」。

　　二、雖然秘書（或者是有關人員或者是妻子）曾向他報告，但是，政治人物卻說「沒有向我報告」。

　　三、明明就知道這件事情，卻說「不知道」。

　　四、不僅沒有從心裡面進行反省，而且絲毫沒有想要承擔責任的意思，但是還是向外界宣稱「我會好好反省」或者說「我會承擔起責任的」。

　　當然，上面談到的幾點，根據不同的人和不同的場合，也會存在著細微的差別，但是，大體上情節都是一樣的。而且，專家

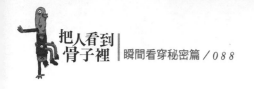

們還對政客說各個謊言的動機進行了一番具體分析。

一、覺得很後悔、很愧疚，或者是覺得社會和媒體很麻煩。

二、不想讓自己給別人留下撒謊的印象，所以把責任推給身邊的人，也就是所謂的「人格防禦」。

三、「反省」的謊言，是為了今後能夠重新進入政治舞台，為了掩蓋自己的真實內心。而「會承擔責任」的謊言，是為了給大眾一個好印象，覺得自己並不壞，想給別人留下自己是一個很有人格的印象。

最後，關於「承擔責任」的謊言，是為了讓各個黨派的同僚和大眾媒體覺得自己還算是很清廉的政治人物，能夠很快就忘記自己曾經撒過謊的事情。

我們不難見到，這樣的政治人物，在一段時期避風頭之後，還是會重新登上政治舞台，並且還是會重複自己以前的手段。

政治人物的這種睜眼說瞎話的撒謊模式，會隨著「政客」這個職業的存在，而被不斷地重複使用。

因為生活，某些謊話必須要說

「外交辭令」只不過是單純的想要客套一下，以表達自己的熱情，僅僅是說說罷了，人際關係必須要通過這樣的寒暄來維持。

現實生活中，圍繞在我們身邊的那些包藏禍心的小人，通常都有這樣的特徵，有的人外表看起來古道熱腸，但是，卻經常在背地裡玩弄挑撥離間的陰險伎倆，或是編造一些虛妄不實的話語，試圖迷惑我們的心智。

他們從中獲得某些利益，就代表著我們蒙受損失。

因此，千萬不要被別人刻意偽裝的表象所蒙蔽，也不要輕信別人所說的話語，應該審慎觀察他們是否表裡如一。

真正聰明睿智的人，最大的特點就是，只要看到事物的外貌，就能夠運用智慧去理解它的本質，並且用最適當的方法去面對，不會因為覬覦眼前的「甜頭」而讓自己吃盡「苦頭」。

不管是誰，都希望自己在喜歡的人、上司，或者是自己很在意的人面前，留下自己很優秀的印象。

因此，在他們面前要很老實地承認自己不懂某件事，並不是一件容易的事情。但是，職位越高的人就越會有這樣的想法：「如果我承認自己連這個也不知道，那不是太丟人了嗎？」然後就會

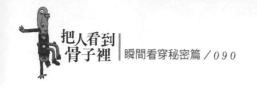

很自然的想要通過「撒謊」來保全自己的形象。

比如說，有人問你是否讀過某位獲得諾貝爾文學獎的作家的作品，或者是有沒有讀過關於這些作品的評論，很多人都會不由自主地說出：「看過了。」

一旦對方繼續追問那一部作品的內容是什麼，則可能會一邊裝出一副在回想的樣子，一邊說：「這個呀……我是很早以前看的……」然後試圖從一些有關的文章中，極力想要回憶出相關的內容。

如果對方問的是剛剛上市的熱門新書，可能有的人會回答說：「我剛好最近正在看這本書。」但實際上卻不曾看。等到下一次再見面，結果當然只有繼續撒謊。

一旦這樣的謊言被揭穿，結局是非常悲慘的。不僅在此之前被對方認為是優點的地方都會一筆勾銷，甚至連自己本來就擁有的優點也會連帶遭到否認。本來只是想讓自己在對方的心目中有一個比較好的形象，卻沒有想到結局如此出人意料。

這就是所謂「不破壞人際關係的說話方式」，仔細思索其中的邏輯，會覺得似乎很離譜，然而這卻是我們日常生活當中經常使用的說話方式。所謂「外交辭令」的撒謊，最常見到的現象。

有時候有人會向你拜託某件事，你可能會回答對方：「可以，沒有問題」，而事實上，你卻沒有空，結果就變成在撒謊。

假設有人打電話進來，而你當時非常忙碌，甚至沒有辦法空出手來接電話，但為了維持人際關係卻不得不說謊。

打電話過來的人，很少有人會先問一下對方：「你現在有空嗎？」一般都是直接說起事情來。接電話的人通常不會主動說出「我現在很忙」之類的話，即使對方問：「你現在有空嗎？」一

般人還是會勉強自己騙對方說「有」。

新屋落成的通知請帖上，經常會在最後寫上這樣的話：「如果您到我的新居附近，請一定要來我家作客。」但是，如果你真的沒有事先通知對方，就唐突地到對方的新居，往往會給對方造成困擾。

另外，有的人會在談話結束的時候告訴對方：「隨時歡迎您來作客。」但是，如果繼續追問「隨時」到底是指什麼時候，對方經常會答不上來。

實際上，這類話就是「外交辭令」，只不過是單純的想要客套一下，以表達自己的熱情，僅僅是說說罷了。

儘管這些「外交辭令」並不是真心話，但不可否認的，就是在這樣的互相寒暄中，使得生活漸漸變得圓融起來。

有時候，人際關係也必須要通過這樣言不由衷的話語來維持。

矇騙對方的同時，可能被對方矇騙

我們可能在這樣的場合下撒這樣的謊，在那樣的場合撒那樣的謊，有時候在矇騙對方的同時，也被對方給矇騙了。

　　在這個爾虞我詐的社會裡，人的本性本來就是狡猾虛偽、欺詐殘忍、言行不一，因此，如果你不想受傷害，就必須具備識破「騙人與被騙」的智慧，如此一來才能避開各種陷阱和危機。

　　不管置身任何場合，我們都不能過度強調人性的光明面，而對別人不加以防範，淪為「容易上鉤的魚」。

　　因為，人性並不完美，因此如果你的眼中看見的都是正人君子，那麼，就註定你要因為自己不長眼睛而遭殃。

　　說到撒謊，一般會聯想到的是「騙人的人」和「被騙的人」。

　　有位行為心理學家對我們認知的「矇騙和被矇騙」的人際關係，提出了不一樣的看法。他認為實際上也存在著並不只是「矇騙和被矇騙」關係的謊言。另外，他也認為謊言並不同時存在著「揭露和被揭露」的特點。

　　這位心理學家舉例說，很多冤案當中，那些原來坦承罪行的犯人在第二次調查取證的時候推翻供詞，最後都獲得無罪宣判。

　　他們第一次承認犯罪的時候，好像鬼迷心竅似的，說出了一

些好像是實情的謊言來，構成了所謂的「虛偽的坦白」。

如果是真正的犯人否認自己所犯下的罪行，那麼他就很明顯的在撒謊。檢察官為了不被矇騙，就要採取揭露謊言的心態來調查整個案件。

所謂的調查取證，基本上是以嫌疑人就是罪犯的前提進行調查。

而那些極力想要證明自己毫無罪過的人，最後可能因為實在是沒有辦法忍受別人不聽他們的辯解，而做出了「坦白」的行為。

案件調查從兇器、屍體、蒐證漸漸開展。如果一開始的假設就不是事實，那麼接下來的調查，當然會往錯誤的方向發展。這樣一來，並不是一個人在說謊，而是很多人一起編織了一個謊言的大網。

我們處於這樣的社會環境當中，夫婦之間、父母親和孩子之間、老師和學生之間、上司和部下之間，各自都背負著不同的角色關係。從前面的觀點來思考，我們其實是在共同製造出自己所期待的角色，謊言的大網並不是個人的所作所為，而是整個社會的共同行為。

只要我們好好回想一下，可能就會發現自己在這樣的場合下撒這樣的謊，在那樣的場合撒那樣的謊，有時候，我們也會在不知不覺當中，在矇騙對方的同時，也被對方給矇騙了。

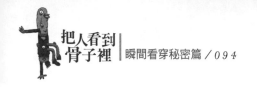

撒謊是人際關係的潤滑劑

「撒謊是人與人之間的潤滑劑」。大概有百分之七十到八十的人承認「偶爾撒一點謊，也是不得已的情況」。

　　信口開河是小人最常見的面貌，恭維與承諾則是他們最常使用的武器，言而無信則是他們一貫的行徑。

　　因為，虛情假意最能模糊別人的視聽，也最能掩飾自己的卑劣的動機，而背信忘義則是為了保住自己的既得利益。

　　現實生活中，吃了小人的暗虧，上當過一次之後，就要懂得小心提防這些騙人伎倆，千萬別再受到第二次欺騙。

　　在我們的生活週遭，之所以會有那麼喜歡說謊的人，原因就在於他們渴望獲得某些利益，或是恐懼失去某些賴以維生的屏障，因此才會不擇手段地想要透過說謊欺騙別人或是討好別人。

　　在人際關係當中，謊話到底會給人什麼樣的觀感呢？

　　行為心理學家曾透過問卷調查，分析了一般人對「撒謊的印象」，根據分析結果，大致可以分為四種類型。

　　一、否定類型。這樣的人對撒謊有很不好的印象，認為撒謊「是矇騙人的行為」，或者是「很壞的」、「很狡猾的」，總之，就是對撒謊持完全否定的態度。

二、消極的肯定類型。這樣的人覺得「撒謊可能有某些必要性，但無論如何，撒謊還是不對的」，或者認為「盡可能不要撒謊」，這樣的人用這樣的想法來消極地承認撒謊的行為。

三、積極的肯定類型。持有這樣的想法的人，認為「撒謊是很方便的」，對撒謊所造成的效果持積極肯定的態度。

四、總論性的記敘類型。這樣的人對於撒謊到底是好還是壞，或者是否有必要撒謊，都沒有明確提出自己的態度。而是好像字典一樣，說出一些論述性的意見，比如「撒謊可以減少人和人之間的摩擦」或者「撒謊是人與人之間的潤滑劑」。

調查對象不論是大學生、社會人士、男性或女性，都佔有相近的比率。

這四種類型出現比例最多的，是第三種「積極的肯定類型」，大概佔總數的百分之三十到四十之間。

其次比較多的是第一種「否定的類型」，大概佔總數的百分之二十到三十之間。第四種「總論性的記敘類型」的人，佔了總數的百分之二十左右；第二種類型「消極的肯定類型」的人只佔了百分之十左右。

從上面的分析，我們可以知道，大概有百分之七十到八十的人承認「偶爾撒一點謊，也是不得已的情況」。

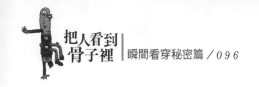

比起男人，女人更能表白自己的謊言

不管是有意撒謊，或者是出於無奈而撒謊，有的人對於這樣的自己覺得很厭惡，很多人都是處於理想和現實的矛盾當中的。

據統計，女性大約有百分之八十五的人有過撒謊的經歷，這是不是可以說明女性比男性更會撒謊呢？

心理學家說，這樣的差別，要從性別的差異來進行考慮。

第一點，根據心理治療專家休拉魯多的診療經驗發現，女性比起男性具有更容易自我表白的特點。

特別是面對自己的母親或者是朋友時，女性尤其容易向對方表白自己的心意。所謂的「自我表白」，就是把自己的情況、自己的心意透過言語，向別人誠實表達出來。從這個「自我表白」的性別差異上來看，女性比起男性，更願意把自己曾經撒謊的經歷記錄下來。

第二點，比起男性，女性更加具有撒謊的動機。

撒謊的時候，女性因為動機比較強烈，所以在記憶當中也就相對的可以保存比較長的時間。反過來說，男性撒謊的時候動機性較低，比較不容易把撒謊的行為保存在自己的記憶裡。於是，對自己的撒謊行為比較有印象的女性，自然也就會在問卷當中填

寫自己撒謊的經歷。

第三點，男性即使是撒了謊，也不會向外人透露，這是男性的特性。

男人即使說謊，也會在大家面前不斷辯解：「我不記得我撒過謊。」或者說：「我並沒有撒謊。」

填寫有過撒謊經歷的女大學生，有百分之五十五的人對撒謊的印象是「肯定」類型，「否定」類型的人的則佔百分之二十四。

另外，在男大學生中，承認自己有過撒謊經歷的人，有百分之四十六的人對撒謊的印象屬於「肯定」類型，而有百分之三十一的人屬於「否定」類型。

與這些資料相對的，認為自己沒有過撒謊的經歷的人當中，對撒謊的印象屬於「肯定」類型的人佔了百分之三十四，而屬於「否定」類型的人佔了百分之二十一。

也就是說，雖然這些人覺得撒謊是不好的行為，並對撒謊抱有否定的態度，但是女性當中，還是有百分之二十四的人，男性有百分之三十一的人都有撒謊過的經歷。至於把撒謊和不好的行為劃上等號，可能只是一種表面的說法而已。

對自己說謊的經歷當中，有的人認為：「不管是有意撒謊，或者是出於無奈而撒謊，對於這樣的自己，都覺得很厭惡。」

這也說明了，有很多人都是處於理想和現實的矛盾當中的。

心理學家也指出一種現象，公開宣稱「撒謊是不好的行為」或者說「撒謊在有些情況下可能是必要的，但是，這樣的行為還是不對的」，越是這樣說明的人，反而撒的謊越多。

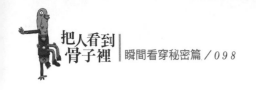

男人和女人說謊理由大不相同

男性透過撒謊使自己處於比對方要優勢的地位。相對於男性，女性的撒謊通常都是為了要和對方保持良好的人際關係。

行為心理學家透過分析，把撒謊的內容歸類成下列十二種類型。

1.防備底線。比如把和別人的約會，用某個理由推辭掉，或者告訴對方自己的行程和目的地與原來的有所變動，把能夠預先想到的麻煩事先避免掉，這種時候撒的謊就叫做「防備底線」。

2.能力以及經歷。因為自己的能力和經歷是低於或者是高於對方，想要在彼此的關係中，自己是處於比較優勢的地位，或是能使雙方關係更為和諧而說的謊話。

3.為了避免尷尬場面。當對方問到你有沒有做什麼事情的時候，雖然明明沒有做，但是馬上就當場和對方說自己做了。例如，不熟的朋友問你吃中餐了沒，你為了避免要和他一起吃飯而稱自己吃飯了。

4.利害關係。當處於和金錢、權力有關的場合時，為了讓自己和對方的關係是有利於自己的，就會說出一些撒謊的話來。

5.依賴性。這類型的撒謊，包含希望對方能夠理解自己的感

情，同時也希望對方能夠保護自己。

6.隱瞞罪惡。爲了隱瞞自己所做出的不好的事情而撒的謊。

7.合理化。說出一些理由，爲自己不能遵守約定，或者爲自己約會遲到找一些藉口。爲了避免被對方責備，在對方開口之前，搶先說出自己編造的理由和藉口，這樣的撒謊是爲了合理化自己的行爲。

8.破壞約定。一旦和對方約定了，卻因爲某些原因而不能夠遵守，這種時候所說出的謊言，不一定都是有意圖而撒的謊。

9.體貼對方。如果說出實話的話，可能會對對方造成傷害，爲了避免給對方造成傷害而撒的謊。

10.找藉口。即使知道事情的眞相，但是還是覺得雙方可以不去計較，可以一笑置之，透過開玩笑的形式來撒的謊。

11.誤會。與其說是撒謊，還不如說是由於自己的知識常識不足，而導致誤會，結果變成了說謊。

12.面子問題。雖然自己買的彩票沒有中獎，卻告訴別人「我中獎了」，或者，明明沒有女朋友，卻告訴對方「我有女朋友了」……等等，是爲了讓自己在別人面前的形象能夠比較好而撒的謊。

對於那些覺得「撒謊是很有必要的」或者是覺得「撒謊很方便」的人來說，大部分的人可以認同的是第一種避免麻煩的人際關係和問題的「防備底線」謊言，以及第七種想要維護人際關係，和保護自己的「合理化」謊言，還有第三種「爲了避免尷尬場面」的謊言。

對許多社會新鮮人來說，雖然自己所具備的能力和實力還不成熟，但是爲了使對方留下比較好的印象，在他們所說的謊話當中，有很多是屬於「面子問題」的謊言。另一方面，在社會人士

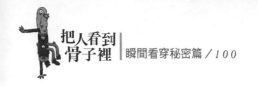

當中，為了不破壞既有的人際關係，為了「體貼對方」而撒的謊受到比較多的認可。

另外，男性的謊話大多是「為了避免尷尬的場面」或者是為了「利害關係」而撒謊，也就是說，男性所說的謊話多半是為了保護自己一時間的衝動，所以表面的謊言比較多。相對來說，女性多半用「防備底線」、「合理化」以及「體貼對方」這類型的謊言來保護自己，也保全了和對方的關係。

在社會人士中，男性既利用「面子問題」和「利害關係」等方式來使自己處於比對方更高的優勢地位，而且還透過「防備底線」的撒謊方式保持人際關係。

對於女性來說，除了使用「防備底線」和「合理化」的方式來保持和對方的友好關係之外，也會透過「為了避免尷尬場面」方式來撒謊。不管是男性還是女性，社會人士撒謊的範圍都要比學生來得廣泛得多。

通過這樣的分析，心理學家得出這樣的結論：男性既可以一邊透過撒謊來和對方保持良好的人際關係，又可以透過撒謊使自己處於比對方優勢的地位。相對於男性，女性的撒謊通常都是為了要和對方保持良好的人際關係。從中我們可以看出男性和女性之間說謊理由的差別。

對象不同，撒謊的程度也不同

男性對自己的孩子所撒的謊，竟然還沒有對自己的配偶撒的謊多。與此相對的，女性對自己的配偶反而沒有怎麼撒過謊。

心理學家指出一個現象，在大學生當中，不管是男性還是女性，撒謊的對象在大部分的情況下，都是自己的父母親，其次就是朋友，再接下來，就是比自己身分要高的人，比如打工的老闆、警察、老師……等等。

對男性來說，和父母親的互動關係一般會進行得較為順利，「合理化」和「避免尷尬場面」的謊言會比較多。另外，為了獲得自己的利益而使用的「利害關係」謊言也佔大部分。

對於女性來說，為了要避免父母親過度干涉自己的事情，為了保護自己的隱私，她們說的謊話大多是「防備底線」和「合理化」。

另外一方面，和朋友之間的關係，男性和女性也存在著細微的差別。男性對於對方，經常會是透過「面子問題」和「製造藉口」的方式來撒謊。相對來說，女性雖然也會為了「面子問題」而撒謊，但是更多的情況是為了「防備底線」，或者「體貼對方」和「避免尷尬場面」而撒謊，從而保持和對方朋友關係。

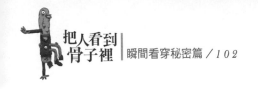

　　從這些差異來看，男性是屬於很乾脆的類型，女性則完全相反，是屬於比較猶豫和拖泥帶水的類型。

　　大學生中，不管是男性還是女性，對於父母親（特別是母親）和地位比自己高的人所撒的謊，卻出奇相似。心理學家指出，這樣的結果可以認為是：「對於人際關係的處理方式，男女間還沒有明顯的分化。」

　　一個有趣的統計是，男性撒謊的對象，一般都是自己的配偶、朋友、父母親、上司；至於女性撒謊的對象最多的是自己的孩子，其次才是父母親和朋友，最後是自己的配偶和上司。

　　從上面的分析，我們可以發現一個很有意思的現象，就是男性對自己的孩子所撒的謊，竟然還沒有對自己的配偶撒的謊多。與此相對的，女性有很多人都對自己的孩子撒謊，對自己的配偶反而沒有怎麼撒過謊。這樣的現象說明，撒謊是可以反映出我們日常生活當中的人際關係的。

　　男性為了要保持和自己的配偶的關係，或者是為了要處理好和上司之間的利害關係，大部分情況下，都是因為要堅持自己的「防備底線」而撒謊。而且，和朋友的人際關係當中，為了要繼續保持和朋友的關係，經常是為了「面子問題」和「能力以及經歷」而撒謊。

　　而女性想要和所有的人都保持良好的人際關係，所以保持自己的「防備底線」和「避免尷尬場面」的謊言會比較多。但是，對待孩子又經常是為了「合理化」，或者是為了「體貼對方」，以及為了「製造藉口」而撒謊。

PART5

說一些謊話，
使自己的行為合理化

尋找到一些看起來很正當的理由，

用這些理由來使別人承認自己，

接受自己的行為，這是就所謂的「合理化」。

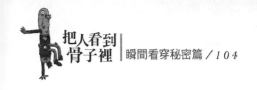

謊話通常透過語言來傳達

撒謊通常是透過語言來傳達的，一個人所說的話到底是不是謊言，都會經由包含在聲音當中的行為和動作來向外界傳達。

我們經常可以聽到這樣的抱怨的聲音：「我爸爸在外面可是一個老好人，但是一回到家裡就不好了。」

心理學家說，在外面是一個老好人的父親，回家就變成另一副模樣，正是巧妙區別了謊言和眞心話在「外面」和在「裡面」要如何使用。

在家裡可能是一個脾氣很壞的父親，但是到了外面，就不會向別人說出自己的眞心話，而讓大家都覺得他是一個好人。

在家裡，父親一般只會說：「我要洗澡了」、「我要吃飯了」、「我要睡覺了」之類沒有感情的話。可以這麼說，這樣的父親，對家人是用自己眞實的內心來相處，至於外人，則是用謊言來對待的。

但是，很多人卻會對這樣的父親產生誤會。

撒謊通常是透過語言來傳達的。但是，一個人所說的話到底是不是謊言，都會經由那個人包含在聲音當中的行為和動作來向外界傳達。撒謊和外在的言行舉止之間，存在著非常密切的關係。

有一個小學女老師說：「我上課的時候，孩子們有的眼睛看著外面，有的用手撐著腦袋，甚至有的趴在桌子上面。雖然我的聲音一遍又一遍地提高，提醒他們注意自己的姿勢，但還是沒有改變。」

這個老師聲音很細弱，音調很高，的確是很難聽見她的聲音。老師用這樣的聲音上課，孩子們漸漸會覺得很勞累，最後就會產生「隨便都可以」的心理。老師不好的影響，移轉到孩子們身上，透過孩子們不認真的姿勢表現出來。

聲音是一種可以直接到達對方心靈的行為。如果你沒有「想要和對方交流」的心理，那麼自己的聲音就沒有辦法傳達給對方。

剛才提到的年輕女教師只是為了履行自己身為教師的義務，所以表面上對待孩子們採取很熱心的態度，但事實上她的內心卻沒有真正想要教育孩子。

為了掩飾她的真實內心，也就是為了要對自己撒謊，她不斷對自己和別人說：「最近的孩子上課都很不認真」或者說「如果我沒有大聲說話，他們就不會聽我上課」。

為了保持自己的謊言，來達到保護自己的目的，這個老師只好一直用很大的聲音上課，一直到自己的喉嚨開始疼痛，發不出聲音來為止。到最後，這樣的行為反而使得自己周遭形成了一個用孤獨的個人空間。

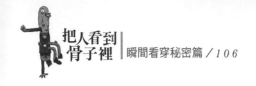
從小動作看透對方說謊的能力

有的時候不能完全理解丈夫的心理，但如果不是惡意的謊言，那麼可能不知道反而會令兩個人更加幸福。

這項心理測驗能測出你是否具有看透謊言的能力。

把自己當作是妻子，下面羅列出來的是丈夫的言行舉止。請對這些言行舉止進行推測，判斷「這一定是他在撒謊」或者「這可能是他想對我隱瞞什麼事情」，選出你認為是的選項。

1. 當妻子對丈夫說「你今天回來得好晚」的時候，丈夫很流利地就說出晚回來的理由。

2. 妻子一直喊「咖啡泡好了」，但是叫了好幾次了，丈夫卻一直沒有來餐廳。

3. 一邊看報紙，一邊還在晃腿，或者是把腳交疊起來，身體總是安定不下來。

4. 一邊說著無關緊要的話，一邊把手交叉起來，或者不斷地握自己的雙手。

5. 一邊說「可能可以吧」，一邊用手觸摸自己的嘴巴或是鼻子周圍的地方。

6. 當妻子問丈夫禮拜天要去哪裡，丈夫簡短的回說要和同事

去打高爾夫球，表情很冷淡。

7.丈夫說「嗯，是這樣的」或者說「是的，是的」，不斷做
出肯定的回答，非常地聽話。

8.總是不自覺迴避妻子的眼光。

9.早上出門之前，對妻子說完「我要出門了」之後，臉上的
笑容就消失了。

以上列舉的這些描述，都是人在撒謊的時候，或者是在心理
出現動搖的時候所做出的行為。因此，選擇的項目越多的人，就
越具有看透別人謊言的能力。男性如果注意一下自己這種時候的
行為，也就能瞭解自己當時的心理活動。

從言行舉止正確解讀對方的心理的能力，叫做社會性的智慧
指數。從自己得到的分數的高低，可以把人的社會性的智慧指數
分成三個級別。

一、社會性的智慧指數達到優秀的妻子（選擇的項目達到七
個以上）

能夠正確理解丈夫的言行、表情、話語，但是，正因為太過
於瞭解丈夫的心理了，心理上容易會產生疲勞感。

有的時候，不妨扮演一個「不是那麼聰明的妻子」，這樣反
而能夠創造出圓滿的夫妻關係，也許是一個很值得嘗試的方法。

二、社會性的智慧指數為普通的妻子（選擇的項目達到四個
到六個）

有的時候可以馬上就知道丈夫在撒謊，有的時候卻完全不能
理解丈夫的心理，這樣的妻子對丈夫的言行舉止尚不能夠完全掌
握。

但是，這種程度的洞察力就已經足夠了。因為如果不是惡意

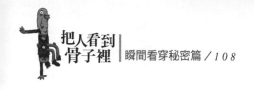

的謊言，那麼可能不知道反而會令兩個人更加幸福。

三、社會性的智慧指數不足的妻子（選擇的項目在三個以下）

對丈夫的謊言幾乎都不知道，不僅僅是「沒有洞察謊言的能力」，甚至有可能「不瞭解丈夫的心理狀態」。這樣的情形在關係不是很好的夫婦之間經常可以看到，對丈夫的言行舉止要多加關心，雙方的交流互動也很重要。

說一些謊話，使自己的行為合理化

尋找到一些看起來很正當的理由，用這些理由
來使別人承認自己，接受自己的行為，這是就
所謂的「合理化」。

　　「精心策劃的謊言」是為了保護自己而說出的善意的謊言，或惡意的謊言。至於通過撒謊來保護自己的技術，則是一種防衛機制。

　　有一個被大家視為是騙子的政界人士，對自己的行為辯解道：「我已經盡了我最大的努力了。」「我是採取我所能想到最好的解決方法來處理的。」但是，只要大家看一下他說話時候的表情，就會覺得他一定在撒謊。

　　像這樣的人，大都是有這樣的心理：「我並不認為我是在撒謊」，並且還心安理得地認為「我是為了人民的利益，為了社會的利益才做這樣的事情」，即使大家都對他的行為惡語相向，也不過是對牛彈琴，沒有任何的用處。

　　精神分析學的創始人弗洛伊德，把這樣的行為稱做是「防衛機制」，並提出了一個很難理解的概念：當我們處於一種強烈不安的處境的時候，心理上就會產生恐慌的感覺，於是就會通過所謂的「防衛機制」，企圖讓自己突破目前不利的局面，並且在這

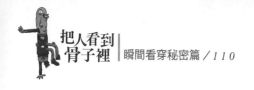

樣的局面當中保護自己。這是自我防衛手段的一種表現。

所謂的「防衛機制」，在別人眼中，可以說是一種「適當的撒謊」，但本人卻絕對不會認為自己是在撒謊，這就是「防衛機制」的一個特點。

也就是說，如果本人覺得自己這樣的行為是在撒謊，那就意味著他的這種行為不屬於「防衛機制」的範圍。

剛才的例子，就體現了「防衛機制」。當別人為他的行為感到憤怒的時候，這樣的人卻沒有意識到，還覺得很莫名其妙：「為什麼那麼緊張呀？」

當自己失敗，或者是缺點明顯暴露的時候，把這些失敗和缺點透過各式各樣的理由正當化以後，就能夠讓自己從挫折感、罪惡感、劣等感當中解脫出來。

也就是說，尋找到一些看起來很正當的理由，用這些理由來使別人承認自己，接受自己的行為，這是就所謂的「合理化」。

「合理化」的另一個典型，就是「酸葡萄理論」。

《伊索寓言》裡面，有這樣一個故事：森林中，有一隻狐狸發現一座莊園裡面有一個葡萄架，架子上面結著看起來好像很好吃的葡萄。

狐狸不斷地跳起來，想要摘葡萄吃，但是跳了好幾次，總是搆不著，於是狐狸就想：「那些葡萄雖然看起來很好吃，但實際上一定是很酸的葡萄。」狐狸一邊這樣想著，一邊就走了。

狐狸其實很想吃到那些好吃的葡萄，但是因為彈跳力不夠好，以致於最後沒有辦法採到葡萄。然而，狐狸卻不肯承認是因為自己的彈跳力不好。如果狐狸這樣想，就會傷害到自己的自尊心，還有可能會對自己失去信心，於是就把自己吃不到葡萄的理由，

歸結為「因為那裡的葡萄很酸，所以沒有必要採來吃」。這樣的
原因，使自己的失敗合理化了。

假設有一個很漂亮的女性，不管男性怎麼追求都不肯答應。
這種時候，被拒絕的男性就會想：「再怎麼漂亮的美女，看久了
也會覺得厭煩」，或者：「美女只不過是外表好看而已」，透過
這樣的想法來使自己的失敗合理化。

更進一步分析，「合理化」還有所謂的「甜檸檬理論」。就
是把自己做的事情誇大了，過度評價自己做過的事情。

假設上面提到的那個被美女拒絕了的男性，後來和一個長相
很平凡的女性結婚，這種時候，他可能會想：「和這個女性結婚，
真的是太好了。我的確很有看女性的眼光」或者：「雖然被拒絕
了。但是，卻是一件好事情呀」。這種心理正是過度稱讚自己的
判斷力和努力。

不論是吃不到葡萄就說葡萄酸，或是宣稱自己擁有的酸檸檬
真是好甜，企圖說些謊話使自己的一切舉動看起來有其道理，以
此進行自我安慰，其實都是為了要保護自己的自尊心。

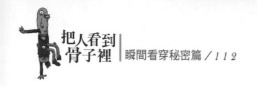

逃避，使不想面對的事暫時遠離

現實生活當中，沒有辦法實現的慾望，會透過幻想來得到實現。透過幻想，能暫時躲避自己不想面對的現實環境。

「逃避」是在自己的慾望和願望不能達到預期的時候，採取放棄的態度，從對自己不利的局面當中逃脫出來的行為。

這樣一來，可以使自己不安的情緒暫時得到緩解，從心理學的角度來說，這是一種「逃避尷尬場面的謊言」。

所謂的「逃避」行為，包含以下的行為。

其一是退避，想讓自己從當時的局面解脫出來。

比如說，必須要做一些自己不喜歡做的事情的時候，或者是在進行一些很難交涉的事情的時候，或者是要出席一個自己很不喜歡參加的會議的時候，就會製造一些藉口，謊稱突然發生了什麼急事，然後讓自己從當時的局面解脫出來。

有的人在和對方交談的時候，一旦到了場面氣氛變差的時候，就會藉口說要去洗手間而逃離現場。離開現場，是最直接的逃避行為。

其二則會通過幻想來逃避。

現實生活當中，沒有辦法實現的慾望，會透過幻想來得到實

現。譬如說，在聽一個很無聊的演講的時候，或者是在做著很無聊的工作的時候，雖然表面上看起來好像是在學習或者是在工作，但實際上卻是在發呆，想著去哪裡玩，想著等會兒要吃什麼東西，想著自己的戀人或朋友，也就是通過幻想，掩飾自己「不想做這樣的事情」的真實內心。

所謂的白日夢，是這個現象的典型例子。

比如說，有的男性邀請女性友人約會，卻被拒絕了。如果承認自己被拒絕的事實，自尊心就會受到傷害，有的人就會想像自己和美女在西餐廳吃飯，在夜晚的公園裡散步，在浪漫的燈光下接吻等等情景。

透過幻想，能暫時躲避自己不想面對的現實環境。

其三是逃避到其他環境去。

把現在必須要做的事情延後，優先做其他不相關事情，或者是沈迷於自己的興趣、愛好和娛樂當中，企圖掩蓋自己不安的心態。

例如，明天要考試，今天卻還沈迷於漫畫和小說當中，想要讓自己忘記考試的事情；上課的時候，沒有辦法理解老師上課的內容，偷偷在台下做其他事情，如看一些和課堂上沒有關係的書，或者是寫信等等。有些失戀的男性，則不顧一切拚命地工作，或者是一心一意投入到學業中。

將注意力放在其他事情上，能使自己暫時忘卻不如意不順利的事。

其四會透過使自己生病來逃避現實。

這是指真的出現頭痛，或者是肚子痛的病情，而沒有辦法上班或上學。有的人甚至嚴重到耳朵聽不見，眼睛看不見，說不出

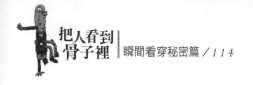

話來的程度。

　　這個現象，是當事人想讓大家都看到他生病了，覺得「既然都生病了，那就沒有辦法了」，覺得通過生病逃避，是一個很方便的方法。

　　有的女性，有時候必須要去和自己不喜歡的男性約會，往往就在要出門的時候，肚子突然痛了起來；有的職員，一旦在自己很討厭的會議時間臨近的時候，頭就會突然開始痛起來。情況嚴重的，還有職員碰到自己很討厭的上司，脖子就會轉不到上司的那個方向。

　　這些都是因為想要逃避現實的心理，而產生的生理病症。

你看到的表象不一定是真相

有的人擔心如果把自己內心真正的要求如實地表現出來，別人對自己的評價可能會有所降低，因此表現出「反面行為」。

　　把自己心中覺得很不好的事情，轉嫁到別人身上，就是所謂的「投射」。比如，有的部下很憎恨上司，但是不會直接說「我很討厭我的上司」，而是會對外宣稱「我被上司疏遠了」，藉由這樣的行為來歪曲事實。

　　有的女性會說：「最近他對我變得很冷淡，一定是想要和我分手」，實際上，卻是她自己對交往很久的男性漸漸覺得不喜歡了，周圍的人很可能會因此而說她是「很冷血的女性」，她擔心會有這樣的評價，於是便找出這樣的藉口，把自己真實的心態，轉嫁到男性身上。

　　也就是說，透過「我本人並不是這樣想的，但對方卻是這麼想的」的形式，隱藏自己真實的內心，而說出謊言。如果撒謊者是意識很強的人，往往就具有「投射」的自我防衛機制。

　　至於自己將對某一個人的感情或者是態度，轉換到另一個沒有危害的人身上，以此解除自己的不安情緒，是所謂的「調換」。

　　比如，對自己的父親懷有很強烈感情的女性，可能就會對和

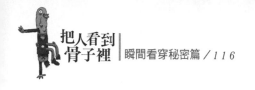
父親差不多年紀的上司產生愛情；有戀母情結的男性，可能會把自己對母親的感情，轉換到跟自己的母親很相似的女性身上；除此之外，有的人可能會把自己對父親的憎恨，轉換到上司或者是老師身上。

曾經聽說過這樣的一件事情，有一個男性第一次到女朋友家裡去吃飯，回家的路上，女朋友對他說：「我媽媽做的料理不好吃吧？沒關係，以後，我會做很好吃的料理給你吃的。」

男朋友一聽到女朋友說出這樣的話，就下定決心要和她分手了。

因為這個男性有戀母情結，他在自己的女朋友面前雖然曾經說「我不喜歡我的母親」，但實際上這只是謊話而已，他是很喜歡自己的母親的。

和他的母親很相似的女朋友，一邊在心理上盡力想要和男朋友的母親保持一定的距離，同時也想迎合男朋友的心理，因而說出「我也不喜歡我的母親」這樣的話，並且對母親做的料理批評了一番。最後，這個女朋友因為沒有真正理解男朋友的謊言，而被拋棄了。

有的人對自己內心真正的要求，會有一定程度上的意識，但是卻擔心如果把這種要求如實表現出來，別人對自己的評價可能會降低，這個時候會表現出和內心真實的想法完全相反的態度或行為，這樣的言行舉止就是所謂的「反面行為」。

有的部下對上司阿諛奉承，上司說東他不會說西，這樣的部下經常會獲得上司的信任，成為上司的心腹。

但是，有的時候，部下這樣的行為，反而是對上司的厭惡感而表現出來的反面行為。這是因為，如果把自己的真心話表現出

來，在社會上是根本不能生存下去的，而且還會影響到自己的發展。

由於有這樣的擔心，所以就採取反面的行為。

如果上司沒有真正理解部下的內心，沒有看透他的謊言，只是一味信賴這樣的部下，那麼就很有可能會在一些重要的場合被這樣的部下背叛，遭受到慘痛的打擊。有些人一旦喝醉酒，就會開始說上司的壞話，這樣的人有很大部分是對上司具有「反面行為」的部下。

有的女性對外界宣稱：「我對男人完全沒有興趣」，或者有的男性說：「那些看裸體照片的傢伙都是變態」，然而他們卻是在背地裡，津津有味地做這些事情，在大家面前說出完全是相反的謊言，就是為了要隱藏自己的真實內心。

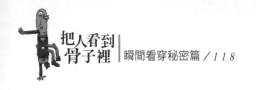
強調有利理由，替自己找藉口

> 事先說了一些小小的謊言，在自己身邊拉起了
> 失敗的預防線，一旦失敗的時候，就會不傷害
> 到自己的自尊心。

「我剛才去和董事長見面，所以遲到了。」召開部門會議的
時候，有人會對遲到做出類似的解釋，然後才若無其事地坐到座
位上。

諸如此類的話，到底是藉口還是撒謊，當場並沒有辦法做出
明確的判斷來辨別真偽，但是，這種話既能為自己的遲到找到藉
口，並且還能產生「光環效應」，是一種深思熟慮的計謀。

「光環」本來是指神像背後的光圈或者光環，正是因為有了
這樣一個光環，所以神像的神力被放大，讓人看起來覺得很了不
起。所謂的「光環效應」就是說，如果一個人有某一個地方很顯
著、很好，或者是有什麼地方很壞，那麼人們就會覺得他所有的
地方都很優秀，或者所有的地方都很壞。

比如說，身體的魅力、職位、經歷、學歷、人際關係等等，
都可以成為一個人的光環。在上面提到的那種場合下，「去見董
事長」這樣的人際關係就成為一種光環。聽了這樣的解釋，與會
者們都覺得遲到也是「迫不得已的」，甚至還有一部分的人覺得

「這個人是一個大人物」，漸漸對他懷有敬意。

突發性的藉口當中，經常都包含著謊言，因為撒謊者為了要讓自己產生光環效應，而且還為了要讓自尊心得到滿足，潛意識裡就會不自覺地選擇一些對自己有利的言語來做為藉口。

玩遊戲或者是體育競技的時候，有一種規則叫做「給勝者加碼」，就是根據雙方的實力，事先對可能獲勝的人扣分，或者是針對他設置比較難的遊戲規則。這個規則，是為了使某項競賽很拿手的人和很不拿手的人可以在同等條件下進行比賽，原意是為了體諒弱者，但有很多人會把這個規則加到自己的身上。

例如，和朋友打高爾夫球之前，有的人會一直不斷地重複同樣的藉口，比如「昨天晚上我喝太多酒了，今天身體狀況不太好」或者「我很久沒有打高爾夫球了，今天可能會打得很不好」之類的藉口。實際上，說這種話的人，可能就在前幾天才練習過，但是，還是說出這樣的謊言。

這種現象就是所謂的「自己給對方加碼」的策略。一旦失敗，不會把失敗的原因歸結到技術層面的問題，而是認為因為身體狀況不好，或者是經驗不足等原因，才導致落敗。在自己身邊事先拉起了失敗的預防線，把自己的失敗統統歸結為外在原因，替自己事先找好了失敗時的藉口。

換句話說，這樣的人事先就說了一些小小的謊言，一旦失敗或者是輸給別人的時候，就會不傷害到自己的自尊心。

說謊，有時是為失敗預做準備

經常採取「為自己的失敗事先拉起防備線」策略的人，可能會被認為是「這個人又在找藉口了」而導致在別人心目中的評價反而降低。

在普林頓大學，有一次教練觀察了一下游泳隊的隊員們的訓練強度，卻意外發現，在不怎麼重要的比賽之前，每一個學生都照平時的訓練，並沒有改變自己的訓練強度。但是，一旦到了重要比賽前，就會出現許多人增加自己訓練的強度，只有一些人沒有加強自己的訓練強度。

研究結果顯示，比賽之前沒有打算增加自己訓練強度的運動員，一般都是那些經常在比賽之前，給自己的失敗事先拉起防備線的人，對自己的成績沒有什麼自信。這樣的運動員，總是在事先就為自己的失敗製造「練習不足」的藉口。那些越是對自己評價偏低的人，為自己的失敗事先拉起防備線的可能性就越高。

但是，「為自己的失敗事先拉起防備線」的策略，在測試知識能力的時候，有時候還是很有效果的，心理學家就曾經舉行了這樣的心理測試。

實驗的前半部分，請參加者回答問題。但是半數以上參加者的題目，是根本就不可能回答出來的，因為這些題目都沒有答案。

後半部分的實驗，給參加者兩種藥物，告訴他們其中有一種

藥物「具有促進知識的功能」，而另外一種藥物「具有抑制知識的功能」，然後叫參加者選擇其中一種藥物喝下去以後，再進行和前半部同樣的問題測試。

　　結果是，為那些不可能有答案的問題而苦惱的參加者，有百分之六十的人，都選擇「具有抑制知識的功能」的藥物。但是，挑戰那些還是有可能回答出來的題目的人當中，僅僅有約百分之十八的人選擇了「具有抑制知識的功能」的藥物。

　　那些預先覺得自己無法解決問題的人，喝下了「具有抑制知識的功能」的藥物，為自己的失敗事先拉起了防備的線。而事實上，他們心裡也想選擇「具有能夠促進知識的功能」的藥物，也就是喝了能夠讓人的腦袋變得聰明的藥物，「喝了以後就能夠拿到好的成績」的想法雖然還是存在的，但是為了替自己可能會重複之前的失敗做準備，最後還是選擇了「具有抑制知識的功能」的藥物。

　　也就是說，選擇了「具有抑制知識的功能」的藥物，就可以不傷害到自己的自尊心了。這就是所謂的「為自己的失敗事先拉起防備線」的策略。但是，明明知道自己可以勝任，卻還是說：「我是一個不太會說話的人」或者「可能因為以前沒有做過，會有一點生疏」「我不太習慣這樣的工作」「我太忙了，都沒有時間來準備」等等……藉口，結果會是怎麼樣呢？

　　有的人認為透過「為自己的失敗事先拉起防備線」的策略，使自己的心態變得輕鬆一些，才能夠發揮出平常的實力來。但是，經常採取「為自己的失敗事先拉起防備線」策略的人，可能會被大家認為是「這個人又在找藉口了」或者「這個人好像沒有什麼自信心」而導致自己在別人心目中的評價反而降低了。

PART6

碰觸程度，
反應彼此的親密度

肢體碰觸的程度反應彼此的親密程度，

這是判斷人際親疏時的重要標準，

無論對方如何偽裝，都可以據此得出實情。

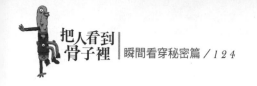

看穿對方的敬畏心理

把雙手交叉放在身體前面，這個動作是在權力和位階比自己高的人面前表現出的一種「敬畏」心理。

你所遭遇的人，可能比你想像中優秀，也可能比想像中差勁，沒實際求證過，單憑第一印象加以判斷是相當危險的，經常會被表象欺騙。

通常我們都認為白己很了解自己，也頗能洞穿別人，但實際上，我們經常誤解自己，對於別人的認知也僅止於皮毛。

這是因為我們不知道如何剖析自己，也不知道透過「靈魂之窗」去觀察一個人，從中得出最正確的結論。

心理學家說，想要破解一個人的行為，除了觀察眼睛之外，更應該留意他的手部動作，才能更準確猜中對方的心思。

「敬畏」的意思，一般解釋為「懷有尊敬的心理」或者是「畏懼的心理」。像這樣強調內心情感的言語有很多，但都包含著「敬畏」的含義。

除此之外，比如說謹慎、顧慮、道歉、答禮……等等，也都濃縮在「敬畏」這個詞語裡面。把所有這些複雜的內心思想融合在動作中表達出來，就是表現為把雙手交叉放在身體前面的動作。

　　行為心理學家指出，在表示「服從」或「遵命」的時候，只有亞洲人會把手交叉著放在身體前面。

　　在百貨公司的開幕儀式上，或者是在銀行的開幕典禮上，我們常常可以看到店員和銀行職員們把雙手交叉放在身體前面，對顧客很有禮貌地鞠躬；當上司在進行訓誡的時候，員工也會把雙手交叉放在身體前面。

　　這種動作對於東方人來說可謂是司空見慣了，但是在歐美國家的人眼裡，這種動作卻會引起他們的驚奇，甚至有些外國人會在背後偷偷地嘲笑說：「那個動作好像是無花果的葉子一樣。」

　　心理學家解釋，無花果葉子的典故出自《舊約聖經》，亞當和夏娃在伊甸園中追逐遊戲的時候，就是用無花果的葉子來掩蓋身上的重要部位。而外國人就用這個典故來揶揄東方人這個動作，像是無花果的葉子般遮蓋自己的重要部位。

　　但是，對於東方人來說，這個動作是在權力和位階比自己高的人面前表現出的一種「敬畏」心理。

　　雖然這種動作和足球選手在阻擋對方自由球進攻時，排成一道人牆所做出的動作，出發點是完全不一樣的，然而在外國人看來，卻認為是同樣的動作，所以西方人很難體會這種動作內在的敬畏意義。

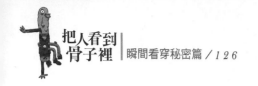
當眾接吻，是對彼此的關係沒信心

戀人在眾人面前接吻，就表示兩個人的關係還沒有達到很緊密的階段，想透過在別人面前的表現，來確認兩人之間的親密關係。

根據動物行為學家德思門多・摩里斯的研究表示，越是真正親密無間的戀人、夫婦或者是朋友，就越不會在眾人面前表現得很親密。

歐美人會當眾接吻，但東方人則不會。

那麼，為什麼歐美人可以平心靜氣地在眾人面前接吻呢？專家認為，接吻其實和鳥類哺育動作很相似，大鳥在把食物充分地咀嚼後，把容易消化的食物餵給小鳥吃。據說，歐洲人在很久以前，母親也是採用同樣的方法來餵養嬰孩的。這樣的母愛表達，就成了接吻的起源。

但是，據心理學家說歐洲人隨著兩個人的關係逐漸親密之後，也漸漸變得不在眾人面前接吻了。

以下列舉一些真正建立了親密關係的人彼此間表現出來的特徵，這些特徵一共有五點：

第一、使用對方名字的次數減少了。

第二、握手的次數減少。

第三、除了社交場合以外，經常安靜地一起並排坐著。

第四、對對方的擔心消失了。

第五、不會再涉及到雙方的身世問題。

不管是以上哪一點行為都是理所當然的。從別人的立場來看待你與親密的人之間的互動，不管是哪一個特徵都是很自然的行為。

如果暫且不去理會東西方文化的差異性，那可以說這五點是東方人與親密的人相處上基本相同的特徵。人類如果真的變得親密無間，就不會總是黏在一起，說話時也不再結結巴巴，不用通過語言也能明白對方的意思。這點如果用摩里斯的話來說，那就是變得「可以安靜地一起並排坐著」。

所以，從這一點來看，戀人在眾人面前接吻，就表示兩個人的關係還沒有達到很緊密的階段。

若是戀人即使在很多人面前也能平心靜氣地接吻，正是表明了他們在向外界宣告「我們有多麼親密」，想透過在別人面前的表現，來確認兩人之間的親密關係。

也就是說，他們的關係才達到非得要透過在別人面前的表現來確認雙方親密度的程度而已，這樣的行為反而會讓人識破他們還只是剛剛交往的年輕情侶而已。

另外，雖然東方人一般是不會在眾人面前接吻的，但是最近卻經常看見一些年輕人很自然的在眾人面前接吻。這可能也是因為他們想透過在眾人面前的表現，來確認他們之間的愛情吧。

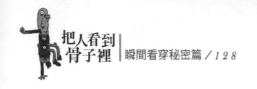
越是被禁止的事情就越想做

有些廠商為了大量銷售自己開發的新產品，反
而會採取限量的銷售方式，這樣的行為就好像
是對消費者說「不許買」一樣。

深諳人性的古希臘哲學家孟德斯鳩曾說：「衡量一個人的真
正品德，往往要看他知道沒有人會發覺的時候做些什麼。」

人在孩提時代經常會面對很多大人規定的禁止事項，比如說
「不許把玩具都往嘴巴裡面塞」、「不許在媽媽看不到的地方玩
耍」、「不許在危險的地方玩耍」、「晚上不許太晚回家」、「不
許抽煙喝酒」……等等。

不僅這些自由被剝奪了，甚至某些動作也會受到父母親禁止，
比如說「不許吸吮手指頭」、「不許抓頭髮的」、「不許把手放
在口袋裡面走路」……等等。

父母會強制小孩一定得遵守一些規定，但是當小孩沒有受到
父母親監視時，反而會想要去做那些被父母親禁止的事情。

為什麼越是被禁止的事情，小孩子就越想去做呢？心理學家
布魯穆認為這種行為就是所謂的「心理抵抗」，因為孩子們在出
現自我的意識以後，就會變得想要決定自己的事情，也可以說是
當小孩子長大了，會想要擴張自己可以自由發揮的空間，但是父

母親卻築起了「不許」的屏障。

因此，他們就會有意識地想要衝破父母親建築的壁壘，會把自己的意識集中在「如果可以衝破這道屏障，那麼就一定可以到達更自由快樂的世界」這樣的思想裡面。於是，在這種時候，孩子們反而會變得更想要去做被父母親禁止的事情。

不管是誰，如果被封閉在一個狹小的空間中，都會有想要自由出去外面看一看的念頭，但是正因為一直想著「要在自己喜歡的時候去外面走走」，反而會把自己更加封閉在房間裡面，熱中於電動遊戲之中。因為父母親說「不許玩電動遊戲」，所以反而變得更加喜歡玩，也是同樣的心理狀態。

所以，有些很受歡迎的商品正是利用人們這種心理抵抗的特性，巧妙地展開這類的商業戰術。

例如，有些廠商為了大量銷售自己開發的新產品，反而會採取限量的銷售方式，這樣的行為就好像是對消費者說：「不許買」一樣，如此就能達到「心理抵抗」的效果，消費者正是因為越難買到手，就越想要買這樣的商品。

所以，除了喝酒、抽煙這些不良習慣以外，其他的事情與其禁止孩子們去做，還不如讓他們自由地去做，並讓他們建立起「要對自己所做的事情負責任」這樣的想法和觀念會更好。

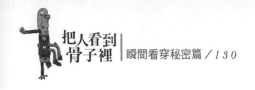

越缺乏自信，越會維護自尊心

如果沒有自信心，不安的情緒就會擴大；人只要心裡面存有不安的情緒，就會想要維護自己的自尊心。

有的母親會這樣發牢騷：「我家的小孩子，一旦考試時間接近，不但不想要念書，反而一直玩電動遊戲。」

她們覺得，如果自己嘮叨的話，孩子們反而會更加故意去玩電動遊戲。

其實，這些擔心是多餘的。即使是大人，在工作很緊張的時候，也會想出門逛街；早上要進行重要商務會議，有的企業負責人還特意跑去打高爾夫球。

大概這種類型的人，小時候都是那種當臨近考試時間了，就會一整天躺著睡覺或是看漫畫的人吧。

心理學家分析，這類型的人雖然小時候可能還未培養出對自己的自信心，但還是有不服輸的心態。

因此，當精神狀態處於不安時，就會在毫無意識當中，為自己事先準備好可以讓別人接受的失敗原因。就是因為存在著這種「自我障礙」，所以才會找出這種不傷害自己自尊心的做法。

考試之前熱中於電動遊戲，也是想著萬一考試得不到自己理

想的分數時，就可以藉口說：「是因為考試前玩電動遊戲才考不好」，為自己留下一條考試考不好的後路，透過「如果沒有玩電動遊戲的話，那麼就一定可以取得好的成績」這種想法來避免自尊心受到傷害。

自信心是在不斷累積經驗當中，漸漸建立起來的。

如果沒有自信心，不安的情緒就會擴大；人只要心裡面存有不安的情緒，就會想要維護自己的自尊心。

當然，如果事先做出周全的準備，那就不會發生失敗了，但是，這種想法卻要先經歷過失敗、受到過打擊以後，才會漸漸理解並且掌握住。

大學生在考試的前一天和一些投機取巧的學生聚集在一起，討論作弊的事情，大家一邊喝著酒，一邊拼命在小小的紙條上用很小的字體寫上考試的相關內容。其實這樣的行為也是一種「自我障礙」的體現。

為了準備考試作弊的小抄，整整花了一個晚上，直到天色漸漸亮起來。有些人會突然好像覺悟似的在一旁自言自語說：「早知道做作弊的準備也是要花一個晚上的時間，那還不如一開始就好好讀書一個晚上，反正花的時間都是一樣的。」

確實如此。但是，如果沒有這樣整個晚上都在做一些愚蠢的事情，也就不會發覺如此簡單而且理所當然的道理了。

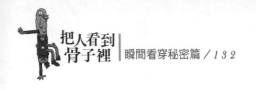

說話太絕對，通常是為自己脫罪

把「絕對」掛在嘴邊的人，其實心裡很不安。
當某些人不斷用「絕對」來進行保證的時候，
多半表示他們在為自己脫罪。

在日常生活中，我們經常碰到一些人總是把「絕對」這個詞掛在嘴上，被人們戲稱為「絕對先生」。

心理學家研究證明，這種人往往比較主觀，常是以自我為中心的唯我主義者，他們的很多想法不合乎實際情況，所以在一般情況下，這種人是難以成就大事的。

喜歡說「絕對」的人，大多有一種自愛的傾向，有時他們的「絕對」被人駁倒之後，為了隱瞞自己內心的不安，總要找一些理由來加以解釋，總想讓自己的東西被別人接受。

其實，不僅別人不相信他們的「絕對」，他們自己也不相信這樣的「絕對」，不過為了維護自己的尊嚴，只好裝出相信的樣子。

把「絕對」掛在嘴邊的人大都是唯我主義者，別看他那自信滿滿的樣子，其實心裡是很忐忑不安的。

「絕對」這個詞語在字典中表示的是一種極端程度的意思，但在日常生活中，人們使用這個詞語的時候，表達的意義遠遠沒

有字典中那樣極端。

　　那些經常說「絕對」一詞的人，不僅表示他們「自愛」，而且這個詞還可以被他們用來作爲自我防衛的藉口和被證明錯了時的擋箭牌。

　　當某些人不斷用「絕對」來進行保證，如「絕對不會再犯」，「絕對不會再這樣做了」等等言詞的時候，多半表示他們正試圖爲自己脫罪。

　　滿口「絕對」的人，說出來的話可信度通常不高，聽到這樣的人說出來的話，態度必須有所保留，不可全信，才不會害到自己。

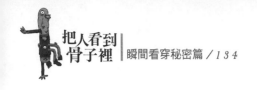

過度強調「我」，代表不夠成熟

經常把「我」字掛在嘴巴上的人，並非要把自己的觀點強加於人，只是性格比較天真的表現，企圖強化自己的存在。

有些人開口閉口總是離不開「我」、「我的」等字眼。

孩童時期，有這種習慣的人相當多，不足爲奇，這是一種「兒童型」語言的心理表現。可是我們發現，一些成年人也常常這樣說話，原因何在呢？

心理學研究認爲，有些成人之所以形成這樣的說話習慣，原因可以追溯到他們的嬰幼兒時期。

哺乳時期，嬰幼兒與母親有一種身心合一的親密關係。然而，到了斷奶時，嬰幼兒與母親親密的感覺就受到了威脅。爲了避免這樣的威脅，嬰幼兒學會了叫「媽媽」、「我」這些單詞，一定程度上緩解了孩子的不安全感。

在孩子的心目中，「媽媽」和「我」是密不可分的。沒有媽媽，他們很難生存下去，所以他們對媽媽有難以割捨的心理依戀，而他們聯繫媽媽的最好「工具」就是「我」。孩子不斷地強調「我」，可以從母親那裡得到一種安全感，經過不斷強化，孩子就頻繁地使用「我」，好獲取更多安慰。

孩子慢慢長大以後，逐漸與社會同化了，由一家的孩子變成了社會的孩子，透過不斷說「我」來獲得安全感的要求就逐漸淡化了。可是有些人「人長，智不長」，到了成年依然保持孩子的心理，自然也就保留了兒童時代的說話習慣。

經常把「我」字掛在嘴巴上的人，他們並非要把自己的觀點強加於人，只是性格比較天真的表現，企圖強化自己的存在。

一 眼 把 人 看 到 骨 子 裡

愛說「我」的人，倘若不是以自我為中心，或是有些自負，必然就是很天真。如果自己有這種習慣，應該鍛鍊自己的個性，使自己很快成熟起來。

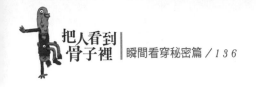
盯著對方，透視內心世界

女性一般是處於為對方考慮的立場，通過觀察對方的表情和動作來解析對方的心理，最後才做出自己的決定。

義大利作家普拉托里尼曾經提醒我們：「紡錘也會不準，甚至鏡子裡出現的形象也和實體不一致，教皇也會有說錯話的時候。」

單憑表面現象去論斷事物是人性的弱點之一，如果不設法加以克服，自以為是的結果往往就是一廂情願，甚至因而吃虧上當。

想要在人性叢林獲得成功，不光有能力、肯努力就能達到，必須明確洞悉自己遭遇的對手，也明瞭自己面臨什麼狀況，並且懂得解讀對方的話語和舉止，用最正確的方法面對，才不會被別人散佈的煙幕欺騙。

以下的例子，就是男性經常出現的誤解。

有很多男性被初見面的女性一直盯著看時，就會自以為是地想：「那個人難道是對我有意思？」

但是，很遺憾的，並不是這麼回事，那樣的行為並不代表女性對那個男性有意思，只不過是女性有這樣的習慣而已。

根據各式各樣的調查顯示，女性與男性相較之下，她們有更

多時候是盯著對方看的，但是為什麼女性會一直盯著對方看呢？

這是因為女性在社會當中，一般是處於較為被動的地位，所以她們會想要儘量讀懂對方的心思。

在人類發展的長遠歷史當中，女性也是處於為對方考慮的立場，為了達到了解對方的目的，就會想要透過觀察對方的表情和動作來解析對方的心理，最後才做出自己的決定，這樣的心理久而久之就漸漸形成了一種習慣。

所以，一般而言，女性的感覺比男性較為敏銳，可以認為這種一直盯著人看的特質，是因為女性把「仔細觀察」這件事轉化成一個牢不可破的習慣了，成為女性的一個重要的特質。

另外，一直盯著對方看，相對的也就能夠忍受對方凝視回來的眼光，就這點而言，可以表現出女性堅強的一面。有些男性要是被女性一直盯著看，通常會覺得很不好意思，而一下子就把目光轉移開，這就是因為他們不能夠忍受被別人一直盯著看，這是內心存在軟弱的一面。

因為能夠很平靜的盯著別人看，所以也就可以很平靜的被別人盯著看，通過這樣的行為也可以了解對方的心理，好像看透了對方一樣：「原來他也不過是一個軟弱的男人罷了」，這時心情就會鎮定一點了。

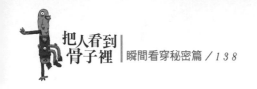

男人酒醉，就會勾肩搭背

在中高年紀的男性當中，特別是那些地位比較
高的人，只有在喝醉酒以後，才會毫不介意地
互相勾搭著肩膀一起走路。

　　肢體語言學家認為，人們內心深處所盼望的事，不管如何隱
藏，一定會不經意地透過肢體動作表現出來。

　　如果我們平時詳加觀察週遭人物的肢體動作，久而久之我們
就能揣測他們的心理變化，識破他們的謊言。

　　有的人平時表現出來的性情，是經由環境壓抑或是下意識刻
意包裝的，因此，想了解他們真正的心理狀態，就必須透過旁敲
側擊與審慎的深入觀察，才能洞悉他們最真實的內在。

　　現實生活中，以喝醉酒的人最容易表現出自己的真實性情。

　　喝醉酒的男人相互搭著對方的肩膀走路，這樣的行為表現出
怎樣的心理呢？

　　男性一般都很在意與對方的距離感，不管是多麼親密的朋友，
男性都不會彼此挽著手或者搭著肩膀一起走路。

　　如果兩個男人這樣一起走路，很容易被別人認為是男同性戀
者。

　　男性有很強的「公私意識」，就是因為有這樣的公私意識，

一旦喝醉酒，把武裝的外衣脫下之後，就變得很邋遢、散漫。其實，想要把自己灌醉的行為就是自己想要把意識當中的外衣脫掉，然而在這樣的外衣下面，真面貌是什麼樣子呢？

現在的年輕人很懂得要如何在不同的場合下穿適合的服裝，但是中年以上的人，卻有不少人認為在別人面前出現，只有西裝和高爾夫球服裝才是適合的服裝。早期的人雖然把公私意識分辨得很清楚，但是卻只是到如此的地步而已，也就是認為，自己所處的環境不是「公」就是「私」，所謂的中間狀態是根本就不存在的，就好像認為世界上的顏色就只有黑和白兩種而已，其他的顏色根本就不存在。

在中高年紀的男性當中，特別是那些地位比較高的人，只有在喝醉酒以後，才會毫不介意地互相勾搭著肩膀一起走路。

至於那些一起在軍隊裡同吃同住的朋友，或者是在學校的宿舍裡一起住的室友，他們平時就會輕鬆地搭著對方的肩膀一起走。

在社會這個戰場上打滾多年的男性，總是穿著正式的服裝，根據不同的場合改換自己的衣服，並在不同的場合扮演不同的角色。但是應該停下腳步仔細想想，是否已經漸漸淡忘了以前那個單純和朋友相互搭著肩膀一起走路的自己，那樣無拘無束、真實生活著的自己？

PART₇

從言語動作
瞭解人的內心世界

人在說謊話時，

會引起面部和頸部組織的刺痛感，

因而會透過揉或者抓來緩解。

只要向他提出「請再說一遍，好嗎？」

之類的問題就可以使他洩底。

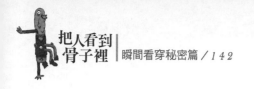

從言語動作瞭解人的內心世界

人在說謊話時，會引起面部和頸部組織的刺痛感，因而會透過揉或者抓來緩解。只要向他提出「請再說一遍，好嗎？」之類的問題就可以使他洩底。

動作不僅僅可以幫助說話，最主要的是能夠表現一個人的真實心境。有許多觀察研究都顯示，幾乎沒有人說話時是全無表情動作的。

一個人說話時所伴隨的動作可以表現在手上、腳上和身體的其他部位。

手位於身體的易於觀察部位，所以在交談過程中多留心對方手的活動，對你辨別對方言語的真偽是至關重要的。

如果一個人與你說話時故意迴避你的目光，代表他很可能對你隱瞞了什麼。一個採取防衛對抗姿態又面帶微笑的人，則可能是想以假笑來麻痺你，同時又盤算著如何拆你的台。就像莎士比亞在《哈姆雷特》中所說的：「一個人表面上笑瞇瞇，其實心懷叵測。」

根據行為心理學家戴斯蒙・莫里斯的觀察發現，人在說謊話時，會引起面部和頸部組織的刺痛感，因而會透過揉或者抓來緩

解。

比如，說謊的人要是感到對方懷疑自己，脖子會冒汗；一個人在憤怒或沮喪時會拉一拉衣領，好讓脖子透透氣……等。

因此，如果你看到對方使用這種姿勢，只要向他提出「請再說一遍，好嗎？」或「請你再說明白一點，好嗎？」之類的問題就可以使他洩底。

但是，並非談話中出現了上述動作就表示對方撒謊，有時候人們摸鼻子只是因為這個部位真的發癢。

當然這是可以透過仔細觀察判別的，因為發癢才摸鼻子與表示否定的這種姿勢之間，仍然有明顯的差別。

人們在搔癢時一般比較用力，裝腔作勢時卻是輕輕地，動作優雅，並且伴隨著協調的姿態，譬如將身體綣縮在椅子上，或身體搖來晃去等。

前面提到，一個表面上笑瞇瞇的人，可能是想麻痹你。須知，笑是一種手段，可以增進友誼，化解仇恨。可是，要是皮笑肉不笑，或是明顯地笑裡藏刀，那就是標準的笑面虎了！

另外，從打電話的不同姿態中，也可以瞭解某些人的個性特點。

如果說此人講電話時總是舒舒服服地坐著或躺著，一副泰然自若的模樣，那麼他們的生活多半沉穩鎮定，性格也是屬於泰山壓頂面不改色的鎮靜型人物。

習慣於用手中的筆去撥電話號碼的人，個性則是比較急躁，經常處於緊張狀態，而且不讓自己有片刻的空閒。

通電話時從不喜歡坐立在同一位置，喜歡在室內走動的人，通常好奇心極重，喜歡新鮮事物，討厭刻板的工作。

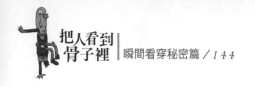

　　喜歡把聽筒夾在手和肩之間的人則往往生性謹慎，對任何事情都必須先考慮周詳才做出決定，處處小心，極少犯錯。

　　有些人通電話的同時，常常喜歡做一些瑣碎的工作，比如整理文具等。這類人通常富有進取心，珍惜時間，分秒必爭。

　　如果說，一個人打電話時不停地玩弄電話線，則多半屬於生性豁達、玩世不恭型的性格，往往天塌下來當被蓋，非常樂天知命。

　　再者，一邊通話，一邊在紙上信手亂畫的人，則大多具有藝術才能和氣質，富於幻想，他們獨具的樂觀個性使他們經常能度過困境。

　　通話時緊握聽筒的下端的人，性格則是外圓內方，表面看似怯懦溫馴，其實個性堅毅，無論對事對人，一旦下定決心，就永遠不會改變。

一眼把人看到骨子裡

　　言語動作會暴露一個人心裡面亟欲隱藏的秘密，如果能用心觀察，那麼在與人往來時將會有莫大的助益。

說話手舞足蹈的人善於交流

一般來說，個性外向的人很能放鬆心情，當然
也很能使人感到輕鬆愉快，因此能獲得融洽的
人際關係。

　　對於那些講話時手舞足蹈的人來說，跟人交談是一大快事，因此即使是與初次見面的人交流，他們也毫無拘束，沒有一點怕生的感覺，甚至會以開放而親密的態度去迎接對方。

　　這種人即使在與人打招呼的時候也會十分用心的注視對方，讓人充分感覺到一股熱烈的氣氛，這種人的個性通常也比較外向。

　　這類個性外向的人講究禮節，寒暄得體，言語能夠安撫人。當被作為第三者介紹時，他們就像見到老朋友一樣，緊緊配合著對方的各種行為，表現出足夠的熱情。

　　如果對方的地位比較高，他們會表現得很謙卑，甚至會十分坦誠地表達出自己的尊敬之情。如果那些地位較高的人對他們加以讚許，就會表現出喜不自勝的樣子，甚至還會顯得不好意思而低下頭來。

　　當他們的意見得到別人認同的時候會喜形於色，充滿了感激之情。一旦感到心安理得、精神放鬆的時候，他們就會變得勁頭十足，充滿活力。

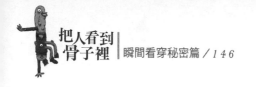

個性外向的人一般不喜歡生硬的談話，他們具有高超的說話技巧，因此能夠用比較生動的方式來談論很嚴肅的事情。

由此可見，講話時手舞足蹈的人，通常也具有極強的適應性。

由於他們喜歡與人交流，所以當他們獨處的時候會感到很無聊，覺得悶得發慌，因而很希望與人交談。

這種人的缺點是總喜歡高高在上，發號施令，有事沒事都想插上一腳。有時候他們甚至會進入自我陶醉的境界，得意忘形，甚至大言不慚。

在社交場合，這些個性外向的人往往也會出現翹二郎腿，雙手插腰，朗聲大笑，給人手舞足蹈的感覺。

一般來說，這種個性外向的人很能放鬆心情，當然也很能使人感到輕鬆愉快，因此能獲得融洽的人際關係。這種人對於建立與他人的關係充滿了自信，認為跟人交往是一件輕而易舉的事情。

由於有了這樣的信心，他們非常喜歡與他人交往，因此人際交往的能力不斷增強，跟別人交流起來如魚得水。常常會毫無忌諱地講述自己的得意之處，也會自然而然地說出自己可笑的逸聞趣事。

一眼把人看到骨子裡

習慣手舞足蹈的人不像內向型的人那樣總想與人保持一定的距離，而是始終認為人與人之間應該親密無間，因此他們常常與人近距離地交流，給人一種很容易親近的印象。

從手勢發現事實

判斷一個人是不是誠實，比較有效的方法是觀
察他講話時的手掌活動。如果說的是真話，就
會不由自主地伸出張開的雙手。

　　在通常情況下，張開手掌象徵著坦率、真摯和誠懇，摸鼻子
則是一種比較世故、隱匿的姿勢。

　　例如，發誓的時候，人們常常將手掌張開放在自己的胸前，
以表示自己的真誠；在法庭上，辯護人為了表現自己的誠懇，也
常常張開雙手，以贏得法官的信任。

　　在訴說冤情的時候，人們也常常伸出張開的雙手，並在胸前
上下抖動，以此來表現自己所說的話的真實性，當然，這一般都
不是刻意訓練出來的，而是一種真情的顯露。很多事實都可以證
明張開的雙手與坦率、真摯、誠懇有很大的關係。

　　行為心理學家告訴我們，判斷一個人是不是誠實，比較有效
的方法是觀察他講話時的手掌活動。如果說的是真話，就會不由
自主地伸出張開的雙手，這是一種無意識的動作，與說實話有很
大的關係。

　　很多觀察資料還顯示，孩子對父母說謊時，常常會把手藏在
背後；成人在說謊時，常常將手插在衣袋裡，或擺出雙手交叉的

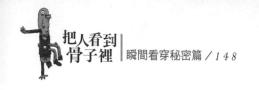

樣子。面對這種情況，有心人一眼就會看出其中的秘密，發現一般人看不見的東西。

如果要證明一個人是不是坦誠，可以請他隨意伸出雙手：如果對方伸出的手是鬆散的，拇指與食指分開很大，那麼，這個人就是一個誠實的人。反之，如果這個人伸出的是緊握的拳頭，這個人可能不那麼誠實了。

另外，前面提過的觸摸鼻子，其做法可能是手指輕輕地來回摩擦著鼻子，也可能是很快地觸摸。女性在做這種動作時，常常是輕柔、謹慎的，就像擔心臉上的化裝被弄糟了一樣。

古人曾流傳下來這樣一句話：「鼻子直通大腦。」認為鼻子是一種傳達信號的工具。據說，說謊時鼻子的神經末梢會被刺痛，摩擦鼻子是為了緩解這種感覺。另一種比較可信的說法認為：當不好的想法進入大腦之後，下意識就指示人們用手遮著嘴，但到了最後關頭，又怕表現得太明顯，因此，就很快地在鼻子上摸一下。

總之，說話時有這種姿勢的人，是很值得懷疑的。說話的時候，如果下意識地摸鼻子，那麼可能正在有意識地掩蓋什麼東西。

研究發現，說話的時候用手摩擦眼睛，也是撒謊的一種表徵。

這種姿勢表示大腦想遮住眼睛所看到的欺騙、懷疑的事物；或者是在說謊時，避免正視對方的臉。

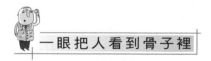
一眼把人看到骨子裡

如果是明顯的撒謊，男人常常會把眼睛往別處看，通常是看地板。女人則是在眼下方輕輕地揉，為了避免對方的注視，她們常會看著天花板。

觀察手，能知道謊言是否說出口

遮掩嘴巴，是想隱藏其內心活動的特有姿勢，
許多人也會用假咳嗽來掩飾。如果說話的人採
用這種姿勢，就表示他在說謊。

　　常用手搔脖子的人最常說「我不能肯定」之類的話，證明他
對自己講的話缺乏足夠的勇氣；做事的時候，他們用手搔脖子，
表明他們對這件事缺乏信心。

　　有人在股票市場觀察過這樣一個女性投資客，在做出決定前
的一分鐘，這名女性一直不停地用手搔脖子。

　　這足以證明在下決心之前，她的內心掙扎是多麼的激烈。

　　搔脖子是代表對某件事有所遲疑，至於不由自主地用手把嘴
摀住，則是企圖阻止謊言出口。當孩子不願意聽別人教訓時，常
常會用手把耳朵摀住，不讓這些自己不想聽的話進入自己的耳朵
裡。

　　其實，不僅僅孩子這樣，有不少成年人也是這樣。

　　心理學家認為，遮掩嘴巴，是想隱藏內心活動的特有姿勢，
許多人也會用假咳嗽來掩飾。如果說話的人採用這種姿勢，就表
示他在說謊。

　　演說者最感到心亂的一種場面，就是在他演講時，聽眾幾乎

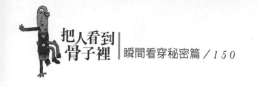

都採用這種姿勢。若是聽眾人數很少或是一對一的情況，最好暫停一下，問一問聽眾是否有人對你的話有意見。這樣可以把聽眾的反對態度緩解開來，使你有機會斟酌演講內容，並且回答一些問題。

這樣的情況也經常發生，一個人向另一個人嘮嘮叨叨解釋一件事，而聽的人對此很不以為然，於是扭轉身去，或用手捂住耳朵，或用手揉眼睛，或用手蒙住嘴。

不過，根據觀察，隨著一個人的年齡的增長，這種捂住耳朵、揉眼睛和蒙住嘴巴的動作會變得更加微妙、斯文和隱蔽。

這些動作實際上是大腦企圖阻止「醜事」進入眼簾而做出的一種無意識表示。當人們看到不順眼的事物的時候，就會揉揉眼睛，也表示對這種事物的厭惡。

有時，一個人說謊的時候經常揉揉眼睛，有時也會低下頭，避開對方的眼睛。透過觀察孩子，這種說法還會得到進一步的印證。

一眼把人看到骨子裡

用手遮擋嘴巴，拇指壓著面頰，在無意識中，大腦暗示手做這樣的姿勢以壓制謊言從口而出。有時只是幾隻手指，有時整個拳頭遮住嘴巴，但流露的意思都一樣。

從眼神瞭解對方態度

在談話中，如果發現閉眼的姿勢，那就表示對方態度不好，如果能夠讓對方的眼神始終跟著自己轉，那就說明已經征服了對方。

最令人討厭的眼神恐怕是說話時使用閉眼的姿勢了。

研究表明，在正常交談的時候，一般是每分鐘眨眼六到八次，如果每次閉眼的時間持續到一秒鐘或更長的時間，有可能是說話者想暫時將談話的對象排除在視線之外，這姿勢最後的結果就是閉上眼睛睡覺。

如果某人覺得比對方優越，就會做出這種閉眼的姿勢，有時還會傾斜地仰著頭看對方，語言行為學家把這種姿勢解釋為「看著自己鼻子」的眼神。

在談話中，如果發現閉眼的姿勢，那就表示對方態度不好，如果希望進一步有效的溝通，最好改變一下交談的方式。最好的方式是控制住對方的眼神，如果能夠讓對方的眼神始終跟著自己轉，那就說明已經征服了對方。

閉著眼睛說話會令人感覺到傲慢，這不僅僅是一種有關禮貌的問題，有時還會使人產生誤解，壞了大事。

在有些人身上，這種姿勢會自覺不自覺地出現，目的可能是

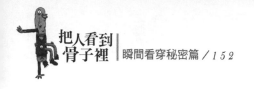
企圖把對方擋在視線之外，原因可能是感到厭煩，或不感興趣，
或是認為自己比對方優越等。

　　還有的人說話的時候有這樣一種習慣，就是「顧左右而言
他」。

　　這樣的人心裡常想著其他的事情，或者對對方不夠尊重，或
者是缺乏誠意等。如果發現他們並沒有別的意思，那麼這樣的人
可能就是一個內向型的思維者，很重視自己的內心世界，感情很
豐富，因此常常放任自己的思想感情四處遊走。

一眼把人看到骨子裡

不看著你的眼睛說話或總是顧左右而言他的人，要不是世外
高人，有自己獨到見解，就是自以為是的害群之馬。

從行為看透一個人

行為是心理的展現，除非經過專門訓練，否則
人的行為時時刻刻都能夠反映出一個人的真實
個性。

從一個人的言行舉止，飲食習慣等可以看出他的個性特徵，甚至推斷出他的前途命運。根據觀察資料顯示，將眼鏡腳架靠近嘴邊或放進嘴裡的行為，主要是為了消除某種顧慮，或對某種問題進行思考，或藉故拖延時間。至於那些不戴眼鏡的人，他們也會用鋼筆、手指、香煙等東西代替。

人在戀愛、社交、穿著、消費、開車甚至穿鞋子等等行為當中，都可能透露出許多重要的資訊。

我們發現，正在觀賞球賽時，一旦比賽氣氛非常緊張，人們的手掌會微微地滲出汗水，這種現象是自律神經的作用，表現了一個人的精神緊張程度。這種反應是理智無法掩飾的。

行為是心理的展現，這一點還可以從手的表現上看出來。從「握手」、「易如反掌」、「袖手旁觀」等字句探討，可以發現，手是表現人際關係最有力的情感傳達方式，利用手與手的關係，或是手的動作，便能夠解讀出對方的心理，並且還可以不費事地將自己的意思傳達給對方。

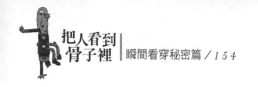
　　此外，手腕的表現往往也具有某種含義。具有代表性的動作是「兩手抱胸」的姿勢，如此交叉的手腕比起平常自然下垂、擺動的手腕更顯得粗大。這些都可以透露出人們的心理活動。

　　另外，心理學家認為，從一個人的讀書種類，也可以看出一個人的個性，主要可以分為以下幾類：

　　• 喜歡讀愛情小說：是感情型的人，極端依賴直覺、生性樂觀，通常能很快地從失望中恢復。

　　• 喜歡讀科幻小說：是富有創造性的人，對科技感到迷惑，喜歡計劃未來。

　　• 喜歡讀時裝書籍：是注意自己身分的人，盡力改善自己在別人眼中的形象。

　　• 喜歡讀歷史書刊：是很有創造力的人，不喜歡胡扯、閒談，寧願花時間做有建設性的工作，也不願意參加社交活動。

　　• 喜歡讀自傳：是好奇心重的人，比較謹慎、野心大，在做出決定前一定會先研究各種選擇的利弊及可行性。

　　• 喜歡看漫畫書：愛好玩樂、個性無拘無束，不會把生命看得太沉重。

一眼把人看到骨子裡

言語可以真實地回憶過去，也可以信口雌黃，顛倒黑白，但行為就往往很難達到如此「境地」。粗魯的學文雅，難免「東施效顰」、「邯鄲學步」；高雅的人想粗俗，免不了暴露「廬山真面目」。除非經過專門訓練，否則人的行為時時刻刻都能夠反映出一個人的真實個性。

嗜甜男女享受生命

女人與男人一樣，在吃甜食的時候，也一邊體味著人生的真諦。甜美的食物是一個重要組成部分，憑此享受美好的生活。

　　中國有句成語「秀色可餐」，有的人很喜歡吃甜食，一見到甜食心裡就非常高興。他們認為吃甜食就像與異性親吻一樣，所以說食色相通，這句話是有道理的。

　　甜食的性質溫和，能夠有效調整人的情緒。經常吃甜食的人，性情自然比較溫和。那些很容易狂怒的人如果多吃些甜食，脾氣就會漸漸轉好。

● 男人嗜甜 —— 好色

　　很多女士都喜歡性情溫和的男人，道理其實很簡單，沒有一個正常的女人情願與一個凶狠的男人共同生活，男女之間無不希望過得甜甜蜜蜜，感情如膠似漆。

　　愛吃甜食的男人性情溫和，經常能夠得到女性的青睞。當然，這種人也可能很會說甜言蜜語，因而獲得了女性的好感。

　　至於喜歡吃霜淇淋的男人，則有喜好追求女性的傾向。心理學家研究發現，男人在吃光滑細膩的霜淇淋時，就好像在親吻女性的蜜唇，這是一種移情的表現。古人曾把女性比喻為「冰肌玉

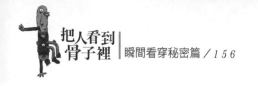
骨」，看來是很有道理的。

實事求是地說，喜歡女性並不是什麼罪過，但是如果超越了界限，或以此為榮，這就很難說了。

如果有人以與女性偷情為快事，這是非常危險的行為。除了「慣犯」之外，一般的偷情者，常常都是膽顫心驚的。他們之間雖然也會產生歡樂，但是這種歡樂往往難以補償他們所受到的驚嚇。

● 女人嗜甜 —— 純真

女人與男人一樣，在吃甜食的時候，也一邊體味著人生的真諦。甜美的食物是一個重要組成部分，憑此享受美好的生活。

對於這樣的女性而言，甜食就像生活中的空氣和水，沒有甜食，她們的生活就會枯燥無味，焦躁不安。

喜歡吃甜食的女性往往孩子氣十足，只要稍不如意就會耍任性、鬧彆扭。這樣的女性常常想哭就哭、說笑就笑，給人天真直率的印象。

如果希望請這樣的女性辦什麼事情，最好的辦法是採取誘導的方式。誘導的方式有很多，例如許願、引誘、激將……等等都可以，如果採用理性的方式試圖說服她們，可能會適得其反。

這種女性不大適合需要嚴謹工作態度才能做好的事情，她們比較適合從事演藝、時尚、服務這一類職業。

一眼把人看到骨子裡

喜歡吃甜食的人通常熱情開朗、平易近人，但是平時有些軟弱或膽小，缺乏冒險精神，做事情很難有所突破。

從用餐速度看行事態度

從進食的速度能夠清楚分析人格特質與行事風格。吃飯速度快的人往往比較俐落急躁，細嚼慢嚥的人則較為溫和細膩。

「男人吃飯如虎，女人吃飯如鼠」是中國的一句古話，意思是說，男人吃飯很快，女人吃飯很慢。當然，就男女對比而言，這是比較準確的。

但事實上，同是男人或同是女人，吃東西也有快慢之分。

● 狼吞虎嚥 —— 看重結果

有的人吃東西就像參加體育競賽，不管在什麼場合都要比別人快許多，特別是在人少的情況之下，吃東西更是狼吞虎嚥，在其他人還沒吃幾口的時候，就結束了「戰鬥」，離開餐桌。這種人常常只關心自己是否吃飽，至於飯菜的味道與品質則不是他們關心的重點。一般來說，吃飯快的人，做事也很快，這與現在世界快節奏的潮流正好合拍。

有這種飲食習慣的客人經常會讓請客的主人措手不及，因為菜都還沒上完他們就已經吃完了。主人有時會被這些慌亂惹得心情不愉快，但多數的情況下會被他們的乾淨俐落沖淡。因此這種人儘管吃東西比較快，但精明能幹、生氣活潑，還是能夠給人留

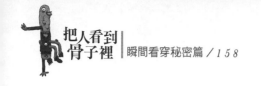
下十分深刻的印象。

吃飯很快的人認為，吃飯與汽車加油一樣，為什麼要慢吞吞的呢？既然汽車加油的過程沒有必要變換花樣，那麼吃飯為什麼要變換花樣呢？

這種人在上司面前往往比較吃得開，這是因為很多上司都比較看重結果而不太重視過程，因此通常比較喜歡這種很快就可以得出結果的人。因為，只要能夠達到目的，過程越簡單越好，不需要太複雜。

吃飯很快的男人往往會是工作狂，做起工作來常常像是不要命了一樣，總想儘量在最短的時間內完成自己該做的事情。當然，這種人的手中經常有做不完的事情，而手裡一旦有一件事情做不完，他們就會感到心緒不寧，非得要完成不可。

吃東西快的男人通常是屬於貓頭鷹型的人，總喜歡開夜車。做這種人的妻子大多很辛苦。他們為了成就自己的事業，對於妻子或家庭很少付出關心，所以他們經常出現家庭問題。

這樣的人應該注意自己的身體，留意工作與休息的平衡關係，特別要關心自己的妻子、照顧好家庭，而且吃飯的速度最好不要過快，因為這不合乎健康的要求，對身體將帶來負面的影響。

● 細嚼慢嚥 —— 善於應酬

有的女性吃飯特別慢，面對豐富的或者簡單的飯菜往往不動聲色，先細細打量桌子上的食物，再慢慢地準備好餐具，或只是靜靜地坐著，有時先為自己準備一杯飲料。經過一番周全的準備工作之後，她們才開始吃飯，而且吃得非常仔細，就像在欣賞藝術品。

對這樣的女性而言，填飽肚子是次要的目的，吃的過程才是

重要的環節。這種人正好與吃飯很快的人相反。

這樣的女性往往比較善解人意，因為她們會把品嚐食品的功夫應用到生活當中，讓生活變得十分細膩。

她們能夠很準確地洞察對方的內心世界，一般來說，女性的第六感高於男性，這種女性的第六感更是當中的佼佼者，比較適合從事外交、公關等方面的工作。

作為家庭成員，做菜是她們的拿手好戲，會將簡單的食材變化出很多花樣，也會讓整個家庭和諧美好。

細嚼慢嚥的女性有辦法把身邊的事情安排得有條不紊，是典型的賢妻良母。一個男人如果娶這種女性為妻，可謂三生有幸。

一眼把人看到骨子裡

從進食的速度能夠清楚分析人格特質與行事風格。吃飯速度快的人往往比較俐落急躁，細嚼慢嚥的人則較為溫和細膩。

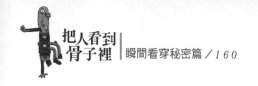

觀察飲食習慣，找出真相

從吃相可以觀察一個人的內心世界。只要仔細觀察，每個人的「吃相」都不盡相同，不同的吃相代表不同的個性。

吃東西不僅僅是為了填飽肚子，還是一種自我表現的重要方式。

坐有坐相，站有站相，吃也有吃相。從坐相和站相中，我們可以瞭解人體傳達的某些資訊，從吃相當中，我們同樣可以看出人的某些個性。

好的吃相應該是不緊不緩、不慌不忙，不大嚼、不出聲，坐姿端正、頭部維持平衡，切忌暴食暴飲。吃東西的時候不要說話，再重要的事情都要等吃完東西再說。嚼東西的時候要心平氣和，不要發怒圖快。

吃東西快的人經常狼吞虎嚥，這樣的人容易發胖，個性比較倔強；吃東西慢的人喜歡挑食，常常細嚼慢嚥，這樣的人通常比較瘦，個性也比較溫和。

有的人吃得很少，但是卻很胖，這種人的個性往往比較寬厚，心胸寬廣，消化吸收功能比較好；有的人吃得多，但是卻比較瘦，這種人的心境往往比較煩躁，經常碰到不順心的事情，吃什麼都

不香，消化吸收功能不好。

上桌前坐立不安，左顧右盼，食物一上桌就猛吃的人，大多出身不好，少時家貧。這種人吃苦耐勞、踏實肯拚，對工作兢兢業業、任勞任怨。

有的人愛乾淨，對用餐環境和餐具的清潔有特殊的要求，即使一根魚刺掉在桌上，也要撿起放到碟子裡，以方便別人收拾。這樣的人比較嚴謹，通常會稱讚別人所付出的努力，工作時有條不紊，講究整潔，生活很有規律。

有的人吃東西口味較重，食物一上桌就胡亂添加調味料，醋、醬油、辣椒，胡椒都要沾一點。

這樣的人喜歡冒險，不願意平平淡淡過生活，做事常常不會考慮太多，所以往往比較輕率。

有的人一邊進食，一邊嘮叨不停，總有說不完的話。他們由於急於和人交談，吃東西往往比較快，以至於有時候來不及將食物吞進去。

這種人做事情通常比較性急，雷厲風行，不拖泥帶水，在與他人相處時，經常顯得咄咄逼人。

有的人吃飯時悶聲不響，很少與人搭話，多數情況是專心低頭吃飯，目不斜視。這類人大多個性孤僻或比較害羞，一般較為內向，不善於人際交往。

有的人一吃完就離開飯桌，不等候同桌的其他用餐者。這種人喜歡獨來獨往，自視甚高，常常以自我為中心，很少與自己瞧不起的人來往。

一個人吃相很貪婪，就證明他具有獨斷專行的個性；吃得很快，但又有選擇地進食的人，工作起來十分迅速有效率；關心飲

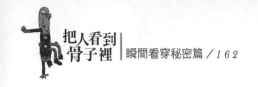
食營養成分的人，喜歡吹毛求疵；如果一個人吃得很慢，他會是很好的組織者；進食時有規律休息的人，一定是認真做事的人；沒有胃口卻仍然狼吞虎嚥的人，對於工作無精打采，態度冷漠。

一眼把人看到骨子裡

仔細觀察，每個人的「吃相」都不盡相同，就像世界上沒有兩片完全相同的樹葉一樣。不同的吃相代表不同的個性，這是不言而喻的。

看看吃相，就知道詳細情況

觀察飲食的愛好與習慣，將能夠有效歸納出人
的特質與性格。例如貪吃的人往往比較貪心，
他們在潛意識裡用吃來填補這種欲望。

俗話說：「蘿蔔白菜，各有喜愛。」有的人喜歡吃素，有的
人喜歡吃葷，這似乎沒有多少道理可言。然而，最近美國的行為
心理學家透過研究發現，一個人的個性與口味有著很密切的聯繫。

● 喜歡吃米食

是不是喜歡米食，與出生的地域有一定程度的關係。如果先
將這個問題摒除不談，在同樣的條件之下，如果一個人很喜歡吃
米食，那麼這個人可能屬於自我陶醉、孤芳自賞型。他們對人對
事處理都比較得體，比較能夠通融。但是，這種人互助合作的精
神通常也比較差。

● 喜歡吃麵食

吃麵食也與出生地與生長的環境有一定的關係，但同樣摒除
這個問題不談，如果一個人喜歡吃麵食，往往能言善道，喜歡誇
誇其談，而且不會考慮後果和顧及所帶來的影響。這種人的意志
不夠堅定，做事常常會半途而廢。

● 喜歡吃油炸食品

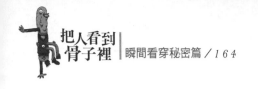

喜歡吃油炸食品的人，大多具有冒險精神，有闖蕩一番事業的願望，但是這種人抗壓性較差，一旦受到挫折就會灰心喪氣。

除了對於食物類型的偏好之外，飲食習慣也能顯現一個人的人格特質。

有的女性比較喜歡吃東西，有的甚至一見東西就想吃，什麼東西都可以。這樣的女性很喜歡也很適合當個專職的家庭主婦，她們成天都在為吃而操心。

貪心的人如果用吃來填補自己的欲望，倒也不失為一個上上之策，總比讓他們攪的天下不得安寧得好。

極度貪吃的人看到食物就想吃，只要飯菜擺在桌子上，不管有沒有其他人在場，都會毫不客氣舉起筷子先吃為快。只要有吃的東西，他們都會很開心，在飯桌上可以忘記一切。

由於喜歡吃，所以身體常常發福，原本很合身的衣服，到後來連釦子都扣不上了，對此他們也感到十分著急，但就是控制不了自己的食欲。有的醫生認為這樣的人可能是患了精神性食欲過度的疾病。

很多調查資料顯示，這樣的人往往比較貪心。他們在潛意識裡用吃來填補貪心的欲望。這種人必須充分了解自己的人品和性格，進而找到一個更好的方法來化解潛在的心理需求。

一眼把人看到骨子裡

一個人的個性與口味有某種程度的關聯性，觀察飲食的愛好與習慣，將能夠有效歸納出人的特質與性格。

過與不及，都不是好事

過與不及都不是好事，保持良好的飲食習慣、
定時定量不過度挑剔，才能維持身體的健康，
同時心境也會隨著平和開朗。

吃飯是一件大事，千萬不要小看吃飯的重要性。

然而，有的人對飲食比較隨便，常常早一頓、晚一頓，或飽一頓、餓一頓。之所以出現這種狀況，有時候是因為懶惰，或是因為過於忙碌，但不管是什麼原因，都是不正常的表現。

女性在這方面的狀況，似乎特別嚴重。

飲食不規律的女性往往憑著情緒處理事情，生活的彈性很大。這樣的人不會太守時守約，如果邀請她們赴宴，她們至少會遲到個幾十分鐘，甚至更久；委託她們辦事，往往需要多加叮嚀，每隔一段時間就要提醒一次，否則她們會忘得一乾二淨。

飲食隨便的女性通常比較任性，往往以自我為中心，一般不會太顧及別人的感受。但這是指她們在日常生活中的表現，在工作中則會是另一種樣子。

對於上司安排的工作，她們會盡力去完成。這樣的女性不屬於享樂型，所以在常常拚起來就不要命，因此能夠得到上司的青睞和重用，具有女強人的特質。

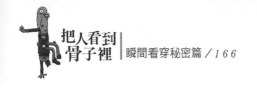

飲食隨便的女性大多很有個人特色，她們很少把心思放在飲食上，只是在心裡頭想著更重要的事情，因而對飲食顯得不怎麼講究。

相反地，有的女人就非常挑食，這也不好，那也不吃。明明很多東西吃了其實也無所謂，但她們就是要挑三揀四。

挑食是一種選擇的過程，經過如此長期的鍛鍊，這方面的能力就會逐漸發展起來，因此這樣的女性第六感往往很發達，常常憑著直覺判斷事物。

挑食的女性有比較強的鑑別能力，無論是對人還是對物，她們都有一套選擇的標準。這樣的女性通常不會買劣質品，會挑價廉物美的東西購買。

這種女性有比較豐富的食品知識，舉例來說，動物的內臟不應多吃，除了不喜歡腥味之外，高膽固醇含量是主要原因，吃多了對心血管將帶來不良的影響，挑食的女性甚至會舉出例子說，英國柴契爾夫人就不吃動物的內臟。

她們在吃的方面有很多忌諱，有時候可能是因為太講究衛生，有蟲的不乾淨不能吃、沒蟲的撒了農藥不能吃，她們還認為油炸的食品不能吃、加糖的食品不能吃、含鹽量高的食物不能吃、隔夜的食物不能吃等等，但真的有這麼嚴重嗎？

雖然她們這一連串的顧慮，很多都是有科學依據的，例如她們知道長期使用鋁製品會導致老年癡呆症，但如果有一天科學研究證明，各種器都會引起某種疾病，那麼是不是要用手抓取食物呢？

如果一個人到了什麼都害怕的地步，還有什麼創造性可言？

這種人很適合當醫生或是從事餐飲業，可以成為這方面的行

家，但是在發明創造方面就可能稍嫌不足。因為對這個世界實在是太挑剔了，充滿了各種危機感，因此很難有所創新或是突破。

我們可以透過這種方法瞭解一個人的個性，但是並不主張養成挑食的習慣。如果有這種習慣應該儘量改正，飲食習慣改變了，挑剔的個性也會跟著變化。

過與不及都不是好事，保持良好的飲食習慣、定時定量，不過度挑剔，才能維持身體的健康，同時心境也會隨著平和開朗。

一眼把人看到骨子裡

飲食隨便的女性通常工作十分賣力，但以自我為中心，不太顧及別人的感受。挑食者則對這個世界太過於挑剔，充滿了各種危機感，因此很難有所創新或是突破。

PART8

從語言看透
一個人的內在

懂得透過語言、

聲音等方面來透視別人的心理以及人品，

能使你在官場應酬、

生意談判以及結交朋友的過程中立於不敗之地。

從語言看透一個人的內在

懂得透過語言、聲音等方面來透視別人的心理
以及人品，能使你在官場應酬、生意談判以及
結交朋友的過程中立於不敗之地。

　　作家柯林斯曾經如此寫道：「成功者與失敗者最大的差別就
在於，成功者比失敗者更懂得看人臉色。」

　　確實，所謂的成功人士之所以會成功，並不在於他們比失敗
者能力強，而是在於他們比失敗者更懂得透過語言觀察別人，知
道在什麼人面前該說什麼話，在什麼樣的時機，該做什麼事。

　　語言交際學家告訴我們，透過一個人的語言可以知道他的身
分、經歷和個性。例如，聲如洪鐘的是張飛，文靜典雅的是孔明；
潑婦總是聲嘶力竭，學者則是字斟句酌。言語是一個人的標記，
聽人說話就可以知道一個人的底細。

　　古人說「情動於中而形於言」，也有句俗話說「言為心聲」，
這都意味著可以從言語來考察和瞭解一個人的心理和品行。

　　淺層次的瞭解包括透過一個人的說話聲、腳步聲、笑聲等知
道他是誰。如果沒有經過專門的訓練，這種淺層次的瞭解只能用
於親人之間的辨別。

　　高層次的瞭解則可以透過聲音去發現對方的心性品格、身高

體重等。這是一個很複雜的判斷過程，不僅僅是經驗的總結，有很多時候還要靠靈感的發現。

然而語言是很容易偽裝的。如何辨別出真話和謊言呢？最好的方法就是注意觀察說話者的動作、表情以及說話的聲音等。

古代有很多這樣的例子。

春秋時期，有一次執掌鄭國國政的子產到外邊巡視，經過一個地方，突然聽到山後面傳來了一陣女人哭聲。

子產仔細地聽了一會兒，就下令把那個痛哭的女人拘捕起來。經過查問，原來這個女人與人通姦，害死了自己的丈夫。

子產是憑什麼知道這一切的呢？

其實，很簡單，就是那婦女的哭聲。

子產解釋說，人生有三大悲：少年喪父、中年喪偶、老年喪子。這個女人中年喪夫，實在是人生的一件悲傷之事，但是她在丈夫墳前哭泣的聲音卻沒有悲傷的意味，其中必然有詐。

由此可見，子產從聲音辨別人內心世界的能力確實高人一籌。

懂得透過語言、聲音等方面來透視別人的心理以及人品，能使你在官場應酬、生意談判，以及結交朋友的過程中立於不敗之地。

一眼把人看到骨子裡

透過語言，可以知道一個人的內心和品格，觀察的規律很簡單，只要掌握兩個原則就可以。一是觀察他人「說什麼」，暴露出那個人的心理；二是觀察對方「怎樣說」，這可以顯示出他的人品。

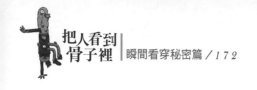
自吹自擂，好掩飾自卑

經常自我吹噓的人，企圖透過吹噓自己，好掩蓋自己的自卑和弱點。他們認為，說一些自吹自擂的話，就能夠突出自己。

　　察言觀色雖然有點勢利現實，但卻是身處在爾虞我詐的人性叢林中，必須具備的人際應變智慧，如果你不懂得見什麼人說什麼話，見什麼風轉什麼舵，那麼你就很難讓自己在人性戰場上全身而退。

　　每個人心目中，都是以自己為中心，所以自己的位置一般都比他人高。

　　因此，在適當的時候，適時地「表揚」自己幾句當然是無可厚非的，這也是培養自信的主要方法之一。

　　問題是，有的人對自己表揚得實在有些過分，一開口就是「我如何如何行」，這樣的人對別人一般常說「他算老幾」。

　　瞧不起別人的人多半都有自卑心理，他們不知道，平易近人才是美德，放下架子才容易與人交流和溝通，真正有自信的人往往謙虛。

　　這種經常自我吹噓的人，其實內心容易感到自卑。這種人常常不斷地炫耀自己的一切，諸如自己的父母，自己的朋友等。更

有甚者，自己所做的某些事情本來不值一提，卻經常拿來吹噓一番。

譬如，有的人本來文章寫得太一般了，可是他們卻可以吹得天花亂墜，號稱自己的文章稿酬要十塊錢一個字。

他們為什麼要這樣自吹自擂呢？

他們是企圖透過吹噓自己，好掩蓋自己的自卑和弱點。他們認為，說一些自吹自擂的話，就能夠突出自己。

這種人往往在內心裡對別人的優越之處一清二楚，只是沒有勇氣承認罷了，於是就用「貶」別人的辦法來抬高自己。

與這樣的人交往，如果要跟他們保持比較良好的關係，就應該經常對他們表示自己很重視他們，千萬不要輕視他們。因為這些人很敏感，對他們來說，受人輕視是很難忍受的。

對於這種人你只要說上一二句表揚他們的話，他們就會感到比較高興，因為這樣正好能夠安撫他們自卑的心理。

一眼把人看到骨子裡

如果自己有這種自卑的心理，可以採取不斷發現別人長處的方法來加以改正，端正自己的心態，平衡自己的心理，與人相處融洽。

畢竟，沒有誰是一無是處，也沒有誰喜歡被別人看不起。如果總把「他算老幾」掛在嘴邊，只會顯得自己淺薄，不能容人。

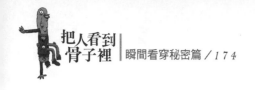

太過壓抑，無法保守秘密

「保守秘密」和「告訴適當的人」實際上是同類語，如果真的想保守秘密，就不會對別人講了。

　　英語裡面有一句諷刺女人的話：「女人認為把秘密告訴給她最信任的人，並叮囑她不要說出去，就算是保住了秘密。」

　　其實，這個說法並不公道。

　　不論是男人還是女人，總有這樣一些人，一旦他們知道一點點機密，便有一種壓制不住的衝動，時時刻刻想把所謂的機密告訴別人，但是又怕走漏消息，所以不斷地叮囑他人。這種人最容易洩漏機密，也是最不可信的。

　　從心理學的角度看，一個人知道了其他人不知道的機密，要想長期隱藏在自己的心中並不是一件容易的事情，一般人都會有一股企圖告訴他人的衝動。因為如果一個人知道某個秘密，就會是一個沉重的心理負擔，把秘密告訴別人，就會感覺壓力減輕，有一種如釋重負的心理愉悅，而且人都有一種探奇和窺密心理，向別人洩漏秘密，有時可以博得對方的信任和歡心。

　　心理學家研究發現，越是秘密越想對人說。

　　在日常生活中，可能經常有人對你說：「這可是個秘密，對

誰也不要講」、「明白我的意思了吧？千萬不要對人說」。

　　爲什麼會有這種情況發生呢？

　　第一，如果自己知道了一些秘密，別人就會覺得你了不起。你自己也會感到知道很多小道消息和一些別人的隱私是一種值得炫耀的驕傲。

　　第二，秘密只藏在一個人心裡是會讓人感到苦悶的。

　　〈皇帝長了一對驢耳朵〉的童話故事相信不少人都聽過。

　　有一對驢耳朵的皇帝對理髮師說：「這是咱們兩人的秘密，不准對任何人講。」理髮師向皇帝發誓，一定要保守秘密。

　　但是當理髮師忍耐了相當長的時間後，覺得再忍下去實在是痛苦難當。可是，如果不遵守誓言，就有被殺頭的危險。理髮師愛惜自己的生命，可是又有一股「一吐爲快」的欲望在動搖他的內心。

　　爲了擺脫這種痛苦，理髮師在地上挖了一個洞，然後每隔幾天就對著地洞大聲喊好幾遍：「皇帝長了一對驢耳朵。」

　　一般人都有這種毛病，你越是想讓他保守秘密，他就越想說出去。

　　要知道，「保守秘密」和「告訴適當的人」實際上是同類語，如果眞的想保守秘密，就不會對別人講了。

一眼把人看到骨子裡

　　總是説「我只告訴你」的人，往往容易感覺苦悶，他們需要宣洩，因此愛發牢騷。他們期望別人為自己守口如瓶，卻往往什麼秘密也守不住，這無疑是不成熟的行為。

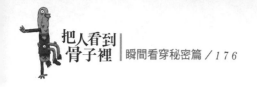

別讓小秘密成為心理壓力

哪怕是一點小小的煩惱也不要放在心裡。如果不把它發洩出去，就會越積越多，到時就一發不可收拾了。

　　如果感到壓抑就會心情緊張，心裡的不滿、煩惱越是排泄不出去，精神壓力就越大。在醫學上，對精神病的治療採取了感情淨化法。所謂「淨化」就是讓患者把所有的煩惱與不安全部傾吐出來，從而獲得一種寧靜的感情，這種方法對保持一般人的精神健康也有顯著的作用。

　　生活在現實社會中，我們每天都會遇上一些無聊的、不愉快的事情，造成很大的精神壓力。要是這種壓力過多，人就無法保持心理平衡，勢必會影響身心健康，最終甚至導致精神疾病。

　　保持心理健康的一個重要手段就是發牢騷。找一個自己信得過的人，把心中的不平、不滿、不快、煩惱和憤恨統統向他傾吐出來。

　　我們時常能看到有些人下班回家途中到酒館去，一邊喝酒一邊發牢騷，這就是一種自我的發洩方法。雖然看上去有損自我形象，但從心理健康的角度分析，這是個很有成效的方法。

　　人可以透過發牢騷來消除心中的不平與不滿，發牢騷能消除

精神疲勞，使人輕鬆愉快地回到家中，第二天再精神飽滿地去工作。

聽別人發牢騷當然不是件愉快的事，所以，平時你就應當儘量和別人產生一種默契，這樣當你發牢騷的時候，對方就能夠耐心地聽你發洩了。

如果找不到發洩對象，最好是採取睡前寫日記的方法。比如：課長不把我放在眼裡，真是氣死人了，將來有機會，我一定要好好報復他一頓。

這樣寫了以後，自己的心情就會好受多了。要是連寫日記都嫌麻煩，你乾脆就獨自對著牆壁想說什麼就說什麼，發洩個夠。

請記住，哪怕是一點小小的煩惱也不要放在心裡。如果不把它發洩出去，就會越積越多，到時就一發不可收拾了。

可是，如果知道了秘密就隨便與人說，明知對方是很不可靠的人，還對他說：「這件事我只告訴你。」這不是很可笑的舉動嗎？

無論是出於哪一種原因，輕易洩漏秘密都是心理幼稚的表現。

一眼把人看到骨子裡

與好說他人秘密的人相處，要有極大的耐心去聽他說心裡話，花些精力對他進行開解。最重要的是，如果他常說「我只告訴你」之類的話，那麼他一定也把同樣的話告訴了別人，你若有私密的事千萬別對他說。

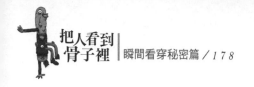

說話沉穩，處事也沉穩

講話比較沉穩緩慢的人，品性大都很踏實，一
開始可能很難與這樣的人相處，但是到了後
來，他們卻是最忠實和可靠的。

一般來說，可以從一個人說話的音調看出他的個性。

如果一個人說話時聲音像耳語一般，這樣的人大多性格內向。
為了讓自己的話不傷害他人，他們說話總是字斟句酌，考慮好了
才說出口，特別是在公共場所發言，由於害怕他人反對自己的意
見，更是不肯輕易說話，害怕有半點差錯。

內向型的人經常自我封閉，有意無意地與別人保持一定的距
離，不讓他人瞭解自己的內心秘密。正因為如此，他們說起話來
自然就不會暢所欲言了。

喜歡竊竊私語的人對別人有著特別強的戒心，認為把多餘的
事情告訴對方完全是沒有必要的。正是由於這個原因，他們越來
越變得沉默寡言，甚至連話也不想說，只想把自己緊緊地包裹起
來。

這種情況不僅發生在一對一的單獨交流當中，在大庭廣眾之
中也是這樣。他們自己有了想法，但是從不主動說出來，因此常
常欲言又止，說起話來吞吞吐吐。只有在非常熟悉的人面前，他

們才會解除戒心，放開嗓門說話，毫無掩飾地大笑。這時候，他們的本來面貌才完全表露出來。

這樣的人並不是一無是處，雖然他們對外人十分警惕，但是對自己的親戚朋友向來是很溫和的。因此，與這樣的人交往，只要以心交心，就可以得到他們的信任。

喜歡竊竊私語的人一般都是小心翼翼、神經質，或者是懷有某種秘密，因此口封密實，絕不流露真心。

講話比較沉穩緩慢的人，聲音一般溫和而沉穩，這樣的人往往有一種長者的風度，說話時會把聲音的頻率放得比較低，給人一種正在對人諄諄教誨的感覺。如果對方充分地理解了他們說話的意圖，說話的語調也會變得更加舒緩而低沉。

這種人的品性大都很踏實，一開始可能很難與這樣的人相處，但是到了後來，他們卻是最忠實和可靠的。

他們考慮問題常常很深，具有很強的耐力。這種人雖然不喜歡講話，但是所說的話會給人誠實的感覺，可能正是因為木訥，反而具有很強的說服力。

這種人做事總是按部就班，目標一旦確定，就會朝著自己的目標不斷地努力。他們辦事總是慢條斯理，一點兒也不會著急。

一眼把人看到骨子裡

具有溫和而沉穩的聲音的人，給人的印象往往比較老實。這種人有固執的一面，常常固執己見，從不輕易向他人妥協。他們不會去討好別人，也很少受他人意見的影響。

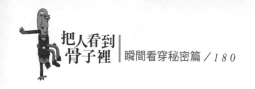
聲音洪亮，為人自信樂觀

嗓門大的人有時候會強人所難，但是，由於他們敢於直抒己見，能夠把自己的意見直接表達出來，所以這種人是很正直的。

聲音的大小與一個人的個性關係十分密切。喜歡用大嗓門講話的人，個性一般都比較外向，他們的目的似乎是為了對方聽清楚自己的話，所以說起話來聲調明快自然，很快就會與人搞好關係。

這種人的重要特徵是重視人際關係，善於與人交往。

當他們的想法被他人接受，雙方達到情投意合的時候，的聲音會越來越洪亮，在聲調中間充滿著無限的自信。那些下結論很快的人，往往就是這些外向型的人。在通常情況下，他們會支配他人，甚至強迫他人接受他的意見。

在工作當中，說話聲音大的人個性比較樂觀，為人很直率，是可以信任的人。但是，這樣的人說話快人快語，很容易得罪人，也缺乏必要的冷靜，往往會被人利用。如果不改變這樣的為人處事方式，很難成就大事。

說話聲音大的人往往缺乏說話的情調，他們理直氣壯的時候，真理不一定掌握在他們手裡。女性總希望男性說話的時候聲音溫

柔一些，嗓門大的男性卻常常忽略了這一點，不自覺地用大嗓門證明自己的男子漢氣質，以為這樣不會羞澀，不會扭捏，有豪情，有氣勢。

嗓門大的人，不讓別人插嘴，不容別人反駁，儼然一副發號施令的神情。有的女性比較喜歡這樣的男性，認為這樣的男性有大丈夫的氣度，但是更多的女性不喜歡這樣的男性，所以這樣的男性桃花運並不好。

良好的談話方式不僅要會說話，還要會聽話。不僅要用耳朵聽，還要用眼睛、嘴巴等面部五官去聽，更要用心去聽。

會說話的人不僅僅是要調整好合適的聲音，而且還要用表情、姿勢、動作等幫助自己說話，嗓門大的男性主要缺乏的就是這些。

嗓門大的人有一個不足之處，就是有時候會強人所難，甚至成為本位主義者。但是，由於他們敢於直抒己見，能夠把自己的意見直接表達出來，所以這種人是很正直的，值得信任的。

一眼把人看到骨子裡

聲音的大小雖然是一種天性，但是這種天性是可以改變的。只要認真加以訓練，這種人的聲音可以更加完美。

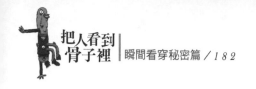

從聲音特徵發現處事風格

說話的聲音具有沙啞特徵的人，會憑藉自己的
力量去發展自己的勢力，這種人不怕失敗，失
敗往往會更加激發他們的鬥志。

說話聲音嬌嫩的人，心氣往往比較浮躁，也可能具有雙重人格。這種人常常女性居多，這樣做往往是爲了期待更多的關懷和愛護。

如果女性具有這種聲音特徵，說話時聲音中帶著一股嬌嫩的感情，她可能很想得到大家的喜歡和寵愛，不過有時會因企圖博取更多人的喜歡反而遭人討厭。

具有這種聲音特徵的男性多半是獨生子，在百般呵護之下長大，所以變得嬌聲嬌氣。這類男性獨處的時候，時常會感到非常寂寞，遇到需要自己做判斷的事情時，更會顯得不知所措。面對自己喜歡的女性，他們往往會變得非常含蓄，從來不會首先發動攻勢，因此常常坐失良機。與女性單獨交談時，他們也顯得十分緊張，常常是手腳無措。

與聲音嬌嫩相反的是聲音沙啞的人。

說話的聲音具有沙啞特徵的人，會憑藉自己的力量去發展自己的勢力，這種人不怕失敗，失敗往往會更加激發他們的鬥志。

　　這種男人的不足之處是往往自以為是，對有些他們認為不重要的事情常常掉以輕心。與這種人往來時，要注意不要勉強他們接受自己的觀點。

　　如果男性具有這種聲音特徵，那麼一般來說，他們多半具有很強的耐力和極強的行動力。一般人不敢做的事情，他們都會打起精神、鼓足幹勁往前衝，不達目的絕不輕言放棄。

　　如果女性具有這種聲音特徵，那麼她們往往比較有個性，表面上或許溫柔，實際上個性卻比較剛烈。表面上，她們對任何人都顯得彬彬有禮，然而她們卻難以表現出自己的真心。

　　她們與同性之間意見往往不一致，甚至有時會受到對方的排擠，但是，卻很容易獲得男性的歡迎。這種人對服飾的感覺極好，在音樂、繪畫……等藝術方面往往有比較高的天賦。

一眼把人看到骨子裡

　　對於男性，擁有勇往直前的品性固然難能可貴，但是古有明訓：「三思而後行」，也必有道理。對於女性，溝通往往是良好人際關係的前提，取得這個前提的條件就是要與人真誠相待，以心換心。

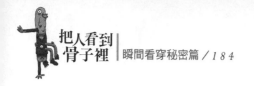

說話語調快，反應會更快

說話速度很快，用詞也很豐富的人，喜歡接受新鮮事物，常常會首先把新的詞語或新的方式運用在自己的言行裡。

講話語調變化快的人不僅反應很快，而且善變，是典型的變色龍。就像四川的「變臉」藝人一樣，剎那間就可以改變臉孔。

面對上司的時候，他們低聲下氣，一副十分順從的樣子，唯上司的話是聽，而且他們一般很會忍耐，常常刻意壓制自己的內心感受。

面對地位不如他們的人時，馬上就會改變面孔，變得趾高氣揚、不可一世的樣子。他們在上司面前的壓抑，往往會轉嫁到下屬的身上。

這種人的行為常常會帶到公共場所或家裡去。他們在商店裡買東西，知道「顧客就是上帝」，所以對營業員常常耍威風。

這種人有明顯的自卑感，也具有明顯的攻擊性，只是表現的場合不同而已。

譬如，在與女秘書談話時，他們的語調常常是很溫柔的，這並不等於他們不是變色龍，而是他們對此精心準備，有意而為之。這種變色龍的本質，常常會在無意之中表現出來。

　　這樣的人評價別人的標準往往是地位、職業、學歷等，而不是能力和品格。這種人常常在不必要的場所到處散發名片，以便充分顯示「處長」、「博士」、「教授」……等身分帶給他們的無形資產。

　　其實，這樣的做法是粗俗而令人討厭的，因為一個人的能力、地位、學歷等，根本沒有必要用這種方式表現出來，真正有修養的人還應該表現出謙虛的態度，給人親切的印象。

　　說話速度很快，用詞也很豐富的人對人對事都比較熱情，知識比較豐富，對人情世故具有很強的洞察能力。

　　這種人的反應能力很強，喜歡接受新鮮事物，常常會首先把新的詞語或新的方式運用在自己的言行裡。讓這種人做他們力所能及的工作，做出來的成果多半令人滿意。

　　與這種人打交道，應該注意充分尊重他們的人格，不要隨便指點他們，否則一旦他們認為你沒有資格與他說這樣的話，常常就會對你進行攻擊。

一眼把人看到骨子裡

　　自己如果講話的語調變化很快，應該時時提醒自己注意對人、對事一視同仁，不要一會兒充英雄，一會兒當奴隸。這種處世態度很容易讓人瞧不起。

PART₉

從言語習慣
發現一個人的秘密

說話者所表現出來的言語習慣

具有交流的功能，

因此破解言語習慣的密碼，

對於觀察和理解一個人具有很重要的意義。

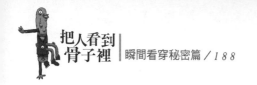
強詞奪理的人顯得陰沉

> 把焦點放在發現別人的弱點，伺機進攻，很容
> 易會犯了狹觀的毛病，捨本逐末，陷入偏執的
> 死胡同而不能自拔。

在現實生活中，我們經常會碰到這樣的人：別人說東，他偏說西；別人說西，他偏偏就要說東，無論如何就是擺明了要跟別人唱反調。

這種人喜歡強詞奪理，即使明知道自己錯了，也從來不會承認錯誤，而是執意重複自己的觀點，並為此找來各種各樣的藉口。和別人辯論時，他們總是一定要得到勝利才會善罷干休。

像這樣喜歡強詞奪理的人，個性多半都比較陰沉，覺得真理是掌握在少數人手裡的，而他們自己就是那些少數人。

他們始終認為自己的觀點和做法絕對正確，只是別人的水準太低，無法理解而已。因此，為了要使自己的觀點得到認同，就一定得反對別人，即使自己的立場和觀點別人難以理解和接受，也要盡力辯駁。

喜歡強詞奪理的人，特徵是時時刻刻都企圖說服他人接受自己的觀點，誰不接受自己的觀點就反對誰。雖然一般人在自己的觀點被別人反對的時候，同樣也會感到不高興，但是，大部分人

可以透過自我反省發現自己的不足。

人貴有自知之明，喜歡強詞奪理的人卻缺少這種「自知之明」。因此，這類人往往樹敵過多，人生的道路上也會遇到很多障礙。

在日常生活當中，要是遇上了這種強詞奪理的人，一定要小心應對，因為他們心中常常有一股鬱悶之氣不能排解，很容易為了發洩心中的不快而動輒與人辯駁，甚至大動干戈。

與這種人談話的時候最好不要發表肯定性的意見，否則會遭到他們的強烈反駁。

即使是正確無誤的說法，他們也不會表示贊同，因為他們認為只有自己說的才有道理。

跟他們講理是行不通的，只能巧妙地周旋應對。與這樣的人相處，最好的方法是含含糊糊地跟他們保持意見一致，然後把話題岔開。

這種個性陰沉的人還有另一項缺點，那就是常常以偏概全，喜歡抓住別人的缺點進行攻擊，言辭也比較尖銳。他們的反應很快，一旦抓住對方的弱點，就會馬上反擊，不會給對方留下迴旋的空間。

不過，這樣的人也有一項優點，就是分析問題很透徹，常常是一針見血，可惜的是，也因為如此，在言語上更不會為對方留下任何餘地。

由於他們經常把焦點放在發現別人的弱點，伺機進攻，所以常常會犯了狹觀的毛病，只看見自己執著的，甚至會捨本逐末，陷入偏執的死胡同而不能自拔。

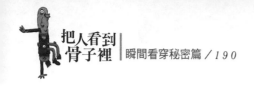

喜歡強詞奪理的人，個性顯得陰沉，不受人歡迎。

克服這種強詞奪理的習慣其實並不複雜，只要端正自己的心態，保持開朗的想法，很多問題就會迎刃而解。

總是自言自語的人通常膽小怯懦

一個人會自言自語或者說話囉嗦，原因可能有很多，但最重要的，還是因為對自己缺乏應有的自信。

　　自己跟自己對話，自己跟自己「交流思想」的情況其實是很常見的，只是對於一般人來說，這種對話是通常以靜思默想的形式出現，很少有人會將這些默想的內容大聲說出來。除非在例外的情況，例如醉酒的時候，但是在酒醒之後，多數人也常常會為自己的「酒後吐真言」後悔不已。

　　另外，或許你會發現，有些人講起話來總是不得要領，或者前言不搭後語，甚至會在不知不覺中偏離主題。通常，這樣的人很容易會為瑣事斤斤計較，往往對長輩不滿，對上司不滿，對另一半不滿，對孩子不滿……，可以說在他們的心目中，幾乎身邊所有人都有毛病。

　　其實，在上述這種人的內心深處，特別需要別人對他們的權威或地位予以承認和尊重，但是卻因為沒有自信心，所以常常掩飾自己真實的想法。

　　由於他們膽子比較小，或者是既不能接受別人的意見，但又不願反駁別人的意見，所以最後通常就只有含糊其詞，不把自己的意見明確表達出來。

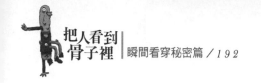

這種人的顧慮通常很多，怕上司、怕同事，怕這件事情沒做好，怕那件事情做不了。他們常常自責，因此常常自言自語。有時則是因為某些欲望難以滿足，但由於天性膽怯，有話不敢明說，所以只好一個人說給自己聽了。

像這樣性格怯懦的人，如果在工作場合中受了上司或同事的氣，甚至受到批評斥責，在上司和同事的面前通常不敢公開反抗，只能忍氣吞聲。在情緒久久難以平靜的情況之下，只好用自言自語的方式加以發洩，賺取一些廉價的安慰。

雖然這樣的人個性彆扭，但大體上來說，還是能夠與他人友好相處的。

如果你正與這樣的人交往，應該主動地找出他們不願表明態度的原因，對症下藥，妥善地將問題解決。要做到這一點，就必須主動對他們表示友好，才能獲得對方的信任。通常，一個人會自言自語或者說話囉嗦，原因可能有很多，但最重要的，還是因為對自己缺乏應有的自信。

這些人之所以表達不清，除了缺乏必要的語言訓練，往往也因為他們內心深處另有隱情。在這種情況下，如果想與這樣的人好好相處，就要先弄清楚對方的真正想法，然後再找個適當的時機誘導對方說出來，讓他們能夠明確表達出自己的意見。

一眼把人看到骨子裡

自言自語是一種心理疾病，如果你有自言自語的習慣，必須不斷培養自己的信心，只要有了信心，自言自語的說話習慣就可以慢慢改變，甚至讓你脫胎換骨，成為受人矚目的人物。

打聽隱私的人多半是因為嫉妒

對於那些熱衷於打聽和傳播別人隱私的人，我們還是敬而遠之為妙，以免無端為自己惹來了一身腥。

近年來，不僅僅是三流小報，許多原先具有公信力的報章雜誌媒體，也開始吹起一股八卦歪風，對於名人的生活隱私，就如同蒼蠅遇上腐肉一樣緊追不捨。

從這種現象當中，我們可以清楚看見，絕大多數的人的確具有愛好窺探別人的天性。有些人喜歡在茶餘飯後聊聊他人的隱私，談論的話題對象，往往就是他們熟悉的人和事。

通常在這種時候與場合，會出現幾種不同類型的人：有的人不斷地散佈消息，有的人只是忠實的聽眾，有的人則在旁邊添油加醋地評論……，但無論是哪一種人，對於飯後聊八卦常常樂此不疲。

根據一項心理研究表示，喜歡打聽和傳播別人隱私的人，多半都有著強大的嫉妒的心理。

這種人散佈他人的私生活的目的，就是要毀壞他人的形象，滿足自己「見不得人好」的心理。

須知，許多有關私生活的話題常常是查無根據的，所以說出

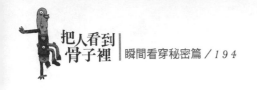
來也很難證實，如果聽眾對這個人也有意見，那麼散佈消息的人就能很容易地達到自己的目的。

心理學家指出，這樣的人在工作場合往往跟上司的處事習慣和價值觀不一致，而自己的意見又很少被採納，心裡一直有一股難平的怨氣，所以很樂意提供甚至編造上司的這類小道消息。

喜歡做這種事的人，他們往往認為上司不僅對他如此，對大多數人也是如此，所以他覺得自己有揭露上司隱私的「神聖職責」，從而用這樣的方法滿足「廣大聽眾」的心理要求。

也因為如此，這種人說話的時候往往比較尖酸刻薄，目的就是想拉攏一部分人，好擴大自己的聲勢。

但是，古人有一句話說：「說人是非者，必是是非人。」對於那些熱衷於打聽和傳播別人隱私的人，我們還是敬而遠之為妙，以免無端為自己惹來了一身腥。

一眼把人看到骨子裡

一個品行端正的人，千萬不要去打聽別人的隱私，知道他人的隱私是要敗壞自己的好心情的。

小心因為快言快語而無端惹事

直率與圓融其實是可以並存的，只要在與人交談時，試著細心一點，主動調整自己的話題和說話方式，即可避免說出不應該說的話。

俗話說：「心直口快」，反過來我們也可以說，口快的人直爽外向。

有的人說話速度比較快，就像連珠炮似的。根據心理研究表示，語速快的人，不僅思維敏捷，而且個性一般都比較外向。

外向的人言語流暢，聲音抑揚頓挫，富有變化，並且能說善道，只要一想到新的問題，就會很快提出來，一邊佐以豐富的肢體語言，譬如把自己的身體靠近對方，興高采烈地描述自己的想法，不管對方是不是感興趣。

不過有的時候，他們也會因此突然打斷對方的話，眉飛色舞地述說自己的主張，想把自己的主張強加在別人身上，讓對方感到有些不快。

雖然這樣，這種人的言語表達周到而清晰卻是無庸置疑的，能讓聽的人很輕易地理解自己的意思。即使面對初次見面的人，他們也會面帶微笑，親切地交談，讓人感覺很好親切。

這樣的人，通常就是具有這種外交家的風度。

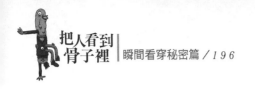

他們往往很善於迎合對方，當對方表達自己想法的時候，他們會不斷地表示肯定，不僅會適時以「是的」來回應對方，而且還會不時地點頭，不然就是閃動著眼睛，湧出滿臉的微笑。

這種外向型的人與他人見面，只要彼此開始交流，就會很快表現出開朗的一面。特別是話說得投機的時候，話匣子一打開就無法關住，好像有說不完的話題一樣。用「一根腸子通到底」來形容這種人是比較恰當的。

在各種場合，他們都沒有矯揉造作的感覺，有時甚至用開玩笑的方式介紹自己，而博得他人的歡心。

快言快語的人有時可以毫無顧忌地把自己比較可笑的事情抖落出來，在他們看來，沒有什麼事情是值得隱瞞和忌諱的。

正因為這種人不拘小節，很少對過去的事情進行反思或後悔，因此，他們常常忘記了自己早就說過的話，有時甚至是已經做過的事也不記得了。一般人在安靜的時候往往會為自己說錯的話感到後悔，但是這對於那些心直口快的人來說，這種顧慮簡直是多餘的。

正因為如此，很多人也認為心直口快的人往往比較輕率，做事欠考慮。說話不用大腦，很容易一開口就得罪人。

一般說來，這樣的人沒有城府，想到什麼就說到什麼。這些人也常常認為自己是直性子，從來不說假話，一切都是有口無心的。

但是，無論如何，都不應該以此作為藉口而信口雌黃，毫無忌諱。因為，不管在什麼地方，總有一些話是不能隨便講的，這是一般人都應該有的常識，比如當眾說出他人的隱私。

禍從口出，這是經驗之談，所有口無遮攔的人都應該好好思

考這個問題。雖然這樣的人常常是很有膽識的，但如果不管什麼場合都「童言無忌」，什麼事情都大剌剌地說出口，只會讓自己無論做什事情，都成事不足，敗事有餘。

要知道，直率與圓融其實是可以並存的，只要在與人交談時，試著細心一點，主動調整自己的話題和說話方式即可。

這種隨機應變的能力會讓你與他人交流時不會使對方感到掃興，同時也可以避免說出不應該說的話。

一眼把人看到骨子裡

說話不經思考，往往很容易得罪人而不自知。要知道，說話不是一件小事，應該要管好自己的嘴，凡事三思而後行，才能隨時化險為夷。

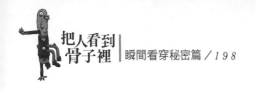
改善說話缺失，處世無往不利

內向與外向各有各的優缺點，最重要的就是要
懂得時時修正自己缺點，如此，才可以讓自己
在做任何事情時，都能更無往不利！

　　內向型的人平時往往就像個悶葫蘆，總是不聲不響的。與外向型的人比較之下，內向型的人顯得沉默寡言多了。

　　他們說起話來節奏緩慢，平鋪直敘，缺乏抑揚頓挫的起伏。與人交談的時候，一般也都比較沉默，因此顯得穩重。談到自己的事情時，往往會結結巴巴，模稜兩可，甚至讓人不知所云。

　　但是個性內向的人說起話來有一個明顯的特徵，那就是善於遣詞用句，字字句句都會經過一番斟酌，因此主題集中，有很強的邏輯順序，言辭之間具有很棒的說服力。他們的用詞比較準確而規範，很少用攻擊性的詞語，所以在言語上很少強詞奪理，就算是跟人頂嘴，也很少強人所難。

　　可想而知，這樣的人與人說話，一般總是以客套話開始，然後才會委婉地說出自己的想法。就連別人提問的時候，也會用十分客套的語氣來回答問題。

　　少言沉默的人，一般都比較內向，在談話方面缺乏練習。外向的人說話往往是一股腦兒全部說出來，而內向的人一句話卻可

以在肚子裡反覆推敲很多遍，以求自己的表達可以儘量準確。當然，也有一些內向型的人反應是比較敏捷的，常常會使用比喻，說起話來妙語如珠。

即使是在與他人辯論時，他們往往也顯得比較有耐心，不焦不躁，很少把自己的觀點強加於人。如果發生爭論，他們不會用很絕對的口氣說話，而是會以「我的想法是這樣的」、「我個人認為」……等方式闡述。因此，給人的印象總是溫文爾雅，彬彬有禮。

內向型的人一般也不會輕易地妄下結論，也不容易被說服，更不會隨便就附和他人的意見。外向型的人則完全相反，回答他人的問題通常很迅速，並且簡明扼要，給人爽快直率的印象，但是由於他們很急躁，一旦感到不耐煩就會發脾氣，因此給人暴躁的印象。

事實上，內向與外向各有各的優缺點，不論你是屬於哪種，最重要的就是要懂得時時修正自己缺點。

內向的人可以保有自己的耐性與理性，但還要更直率一些；外向的人則保持原有的爽朗，但要注意多用腦筋思考，多多培養耐性，如此，才可以讓自己在做任何事情時，都能更無往不利！

一眼把人看到骨子裡

沉默寡言的人，最大的好處就是考慮問題比較深入，但是給人的印象是反應不快，有時候甚至讓人覺得節奏太慢。

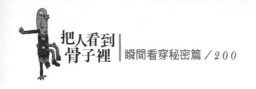

喜歡訴苦的女性通常依賴心強

性生活是夫妻雙方共同擁有的，不管哪一方，都有配合對方的義務，也有從中獲得滿足的權利。

　　女性向他人訴苦，一般都被看成是缺乏主見的表現，因為向別人訴苦，背後所表達的意思，往往就代表著：「給我一點愛，好嗎？」

　　不管是什麼苦衷，女人通常都喜歡向男性傾訴，希望從異性那裡得到安慰和溫情。這種時候，男性的肩膀和胸懷就是她們的天然避風港。

　　喜歡訴苦的女性，常常會用比較執著的柔情去開啟男性的心扉，她們要在這裡獲得溫馨和安寧。這種固執往往像寒冬開放的梅花，幽幽的清香，沁人心脾；這種執著，有時也像夕陽晚霞之間翱翔天宇的雄鷹，自然而然地會融進神奇的大自然中去。很少有男性不為這種溫情所激動，因此，這種訴苦的行為，實際上可看作是女性俘虜男性的一項武器。

　　但是，喜歡訴苦的女性，往往也具有極強的依賴性。如果有幸遇到一個值得依靠的男人，那麼一輩子自然「風調雨順」，可以就此過著幸福的生活；但如果遇上窮困潦倒的對象，那麼一生

往往會坎坷艱難，苦悶不堪。

說到訴苦抱怨，我們就不得不再從夫妻關係的角度來分析。

今日社會之中，不少丈夫只顧著賺錢，卻忽視了妻子心理，甚至是生理的需求，因而往往也引來妻子的諸多抱怨。

曾經有一位女士在接受心理諮詢的時候表示：「結婚十多年來，我們夫妻倆的性愛一直很和諧，可是自從丈夫開始經商之後，我們的性生活越來越少，而且事後總感到分外疲倦，原來的快感全部蕩然無存。」

由於女人在性愛中常常缺乏主動性，男人往往認爲女人缺乏情趣，其實這是一種誤解。性生活是正常的生理和心理需要，無論是男人還是女人都會有性需求。當女人對性愛渴望時，她們更希望能擁有情趣。

女人需要性，渴求性愛，這是自然合理，且無可非議的，不需要將之視爲輕佻、淫蕩。因此，身爲妻子如果出現了這方面的需求，不妨主動向另一半表達，讓對方也能夠配合。

但是，如果丈夫在外工作一了一整天，身心感到十分疲倦，妻子也要主動關心體貼丈夫，如果總是站在自己的立場一味指責對方，只會爲夫妻感情帶來陰影。

性生活是夫妻雙方共同擁有的，不管哪一方，都有配合對方的義務，也有從中獲得滿足的權利。

一眼把人看到骨子裡

訴苦往往是因為不滿足，無論是已婚或未婚，所有女性都應該注意選擇訴苦的對象與時機，以免造成難以挽回的錯誤。

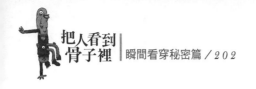
只會訴苦，無法成就大事

經常向別人訴苦的男性給人的印象往往是懦弱的，這對一個男人來說，並不是什麼好事。

　　自嘲是一種幽默的表現，懂得適時自我解嘲的男性，往往是比較成熟的。

　　這樣的人一般都比較清醒，不容易受騙，在事業上常常是比較順利的，特別是商場中，通常都會有貴人相助。懂得自嘲的男人之所以比較成熟，是因為他們懂得「人無完人，金無足赤」的道理。

　　有的人一輩子說話辦事總是小心翼翼，好像是為了別人而活。

　　但是，一個懂得自嘲的人明白了這一點，可能有時會說一些別人不喜歡聽的話，做一些別人無法接受的事情，這是由於他們並不希望人人都說他們好，所以總覺得無所謂，活得也比較自在逍遙。

　　另外，喜歡自嘲的男人通常對於愛情也比較瀟灑，不強求，但他們的愛情之路往往也比較坎坷。

　　需要注意的是，自嘲還是得要注意場合和時間，不能不分時間、地點，開口就是一副不正經的口吻，而是要注意分寸，以免被認定為油嘴滑舌。

有懂得自我解嘲的男人，自然也會有喜歡抱怨的男人。

心中出現苦悶時便向他人訴苦，無疑可以減輕內心的壓力，這種行為雖然在女性身上比較常見，但是喜歡訴苦的男性也不少。

男性訴苦的最佳對象自然是女性，因為女性比較善解人意，也很容易附和他人。男性在女性面前訴苦，常常顯得比較坦率，往往會把自己內心的秘密吐露出來。

在這種時刻，男人一般都是比較真誠的。願意放下身段訴苦的男性，通常也都還保持著一點赤子之心，願意像面對母親一樣對異性傾訴自己的委屈。

但是，並非所有訴苦的男性都可以取得女性的同情。

簡單地說，訴苦的作用是很有限的，女性的同情也是很有限的。女性在傾聽男性訴苦的時候，自己也承受著不小的壓力。所以一般說來，女性並不是很喜歡男人不時在她們面前訴苦。

再者，經常向別人訴苦的男性給人的印象往往也是懦弱的，這對一個男人來說，並不是什麼好事。根據調查，喜歡訴苦的男性一般感情都比較豐富，外表長得比較斯文，也都有一技之長，而且虛榮心比較強。

但由於這種人不善於交際，喜歡獨來獨往，因此一般很難成大事。

一眼把人看到骨子裡

每個人都有苦衷，偶爾向別人傾訴也是無可厚非的，但是如果過分了，就會讓人敬而遠之。說到底，每個人，特別是男人，還是應該具備一定承受壓力的能力才行。

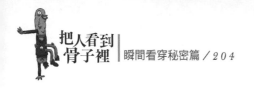

開場白太長的人多半心理受到壓抑

潛意識裡的心理壓抑讓許多人在與人交往時，常常要用很長的開場白來表達自己的意思。實際上，這就是一種小心翼翼的表現。

作家伊爾曾說：「知道什麼氣候穿什麼衣服，是每個人必備的生存潛智慧。」

的確，在這個不懂得人情世故就會吃悶虧的人性叢林中，如果想出人頭地，首先必須懂得觀察別人臉上的「氣候」，當別人臉上冷若冰霜的時候，千萬別再說一些雪上加霜的話，當別人一臉怒氣的時候，千萬別再說一些火上加油的話。

開場白是一種很特殊的說話藝術。

人們在公開場合講話的時候，總是需要先來一段開場白。一段恰如其分的開場白，可以拉近與聽眾之間的距離，有利於交流。

但是，有的人開場白往往很長，結果使得聽眾不得要領，這樣的開場白根本是白白浪費了聽眾的時間，使人反感。

但你是否曾經想過，為什麼有些人在進入正題之前，總是習慣客套一番，加上一段可有可無的開場呢？

心理學家認為，開場白太長的人在心理上或多或少有一些不足之處，據分析可能是由於以下兩種原因。

首先，可能是說話者想給對方足夠的體貼，所以把話說得比較仔細。尤其，如果對方是一個十分敏感的人，直接說出自己想說的話，很可能就會傷害到對方，因此才故意拐彎抹角，刻意拉長自己開場白。

其次，有的人認為，開場白過於簡短，可能會使對方覺得不舒服，給人太過突然的感覺，怕造成不必要的誤會，因此也會刻意拉長開場白。

一個人在成長過程中，難免會步入與父母長輩發生矛盾衝突的叛逆期，特別是在青少年的時候。在這個階段，他們認為父母就是權威，因此產生了一種心理壓抑感，這種壓抑到了成年時期雖然已經不大明顯，但在潛意識裡還是會長期地保存著，因而他們與人交往，常常要用很長的開場白來表達自己的意思。實際上，這就是一種小心翼翼的表現。

一眼把人看到骨子裡

為了讓對方比較容易瞭解情況，必要的開場白是必不可少的。但應該明白，開場白太長往往會使聽眾產生反感情緒，反而適得其反。

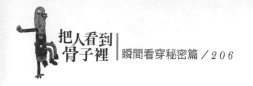

處處爭辯，事情也無法改變

與其跟別人爭得面紅耳赤，滿臉就像塗上油彩，倒不如用一雙童真單純的眼睛去看待這些事情。

　　有種男人時時刻刻都想突出自己，時時刻刻都認為自己沒有得到公正的待遇。平心而論，要求得到公正待遇，這是無可厚非的，但如果總是自以為是，隨時隨地都要跟別人爭個高低，這就不好了。

　　我們應該明白，人世間不公平的事情太多了，無論大事小事都要追求公平，實在是沒有什麼必要，當然，這也是不可能做到的。

　　很多時候，喜歡辯論的男性不僅僅據理力爭，得理不饒人，而且往往氣壯如牛，總想在辯論中把對方打倒，讓人永遠不得翻身。在這種人的心目中，總認為自己掌握著真理，只要對方偃旗息鼓，自己就是勝利者，就擁有了真理。

　　這樣的男人，從本質上看其實是外強中乾。他們把大好的時光都耗費在無聊的辯論上，把心思都用在勝敗的較量上，哪裡還有心力去做更有意義的事呢？

　　說到底，他們究竟從爭辯的勝利中得到什麼？其實，什麼也

沒有得到。對方無法得到快樂，他們自己也同樣得不到快樂。

另外，這樣的男人容易衝動，不善於判斷事物的發展方向，因此，他們雖然不怕困難，但通常也很難取得預期的效果。

這樣的男性如果能夠明白「大音希聲，大辯若訥」的道理，那麼他們的前途是可以很光明的。否則，真的會成為真正的外強中乾的弱者，一生就在爭論之中莫名其妙地虛度。

著名作家三毛曾經這樣說過：「不求深刻，只求簡單。」這句格言十分值得人們好好地思考，特別是女性。

愛爭辯的女人，通常令人討厭。在一般的印象裡，女性的溫柔是美，女人可以遊山玩水，可以講究穿戴，但是絕對不應該對一個問題糾纏不清，窮追猛打。

男性之間為了某些問題爭得面紅耳赤或許無傷大雅，但如果一個女人喜歡爭論，就會叫人有點害怕了。

女性應該記住，與其跟別人爭得面紅耳赤，滿臉就像塗上油彩，倒不如用一雙童真單純的眼睛去看待這些事情。如果不知道改變自己，一心一意企圖用盡方法成為女強人，恐怕就很難得到美滿的婚姻了。

一眼把人看到骨子裡

世界上的事情往往是很複雜的，即使是不斷的爭論也未必能夠得出正確的結論。何況自己即使成了贏家也不過如此而已，他人不一定認可，自己也不一定氣順，又何必爭得面紅耳赤呢？

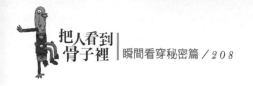
謊言反而容易洩漏秘密

謊言就像一面鏡子，透過說謊的方式，可以看出一個人的真實面貌。從識破說謊的動機開始，或許就可以發現很多秘密。

越是喜歡說謊話的人，越是喜歡標榜自己是正人君子，這樣的人其實是不折不扣的偽君子。可是偏偏還是有人相信「不說謊話辦不了大事」，因而經常撒謊，但是又自我標榜為君子。

他們最常說的一句話就是「你什麼時候聽我說過謊話」。

不少男性常常會犯這樣的毛病。

如果男性常常說謊，這樣的人往往是一肚子的壞水，他們可能會取得很大的成功，但歷史往往也會對這些人進行審判。

當然，很多時候這樣的人都是「兔子尾巴長不了」，不需要很長的時間，就會嚐到身敗名裂的苦果。

研究發現，女人對說謊話的男人向來是避而遠之的，只要識破了這類男性的謊言，很快就會離開他們。

如果這個男人真是一名正人君子，那又何必說謊呢？按照正人君子的標準去做，不就是正人君子了嗎？

說完了男性，當然也不能不說說女性。

有人曾經說過，世界上有一大半的謊言是女性編造出來的，

這句話大概不會錯。

女人常常會不由自主地說謊話，這是因爲女性自男性那裡得到的安慰就像是一種憐憫，已經沒有什麼價值可言。

女人說謊話常常都是爲了保持自己內心的平衡，謊言的後面往往有某種目的，比如渴望得到別人的愛，希望平等地與人相處等。

無論是自己編造謊言或被謊言所騙，在女性心目中，留下的印象總是比較長久，她們往往在謊言中度日如年，不得不用下一次謊言來掩飾上一次謊言。

善於編造謊言的女性常常也是很有心機的，她們說謊常常是爲了搪塞。

比如，自己討厭的人打電話來，她們會藉口有事而掛斷電話；有些事情她們本來不願意做，但是由於面子問題，當下不得不答應下來，過了一段時間，她們就會找各種藉口推辭。

有的女性常常用這種方式對付不喜歡的男人，很多男人也常常在自己被弄得精疲力竭後才得到對方一點點的眞情。當然，如果遇上比較無聊的男性，很多時後被捉弄的不是男人，反而是女性自己。

有的女人會因爲愛慕某位異性，總是千方百計地用謊言討好對方。

比如說，自己本來不喜歡看某一本書，但是卻會三天兩頭去與愛看這本書的男人談論這本書的內容；又或者她們本來對某個問題已經弄懂了，但卻會常常假裝不懂而向男性請教。

由此可見，女性說謊話可以分爲善意和惡意兩種。從這兩種動機不同的謊言中，我們也可以窺見女性不同的秘密心事。所以，

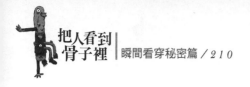

有人才說，謊言就像一面鏡子，透過說謊的方式，可以看出一個人的真實面貌。

女人可以輕易弄懂男人的心，男人卻很難弄懂女人在想些什麼。不過，如果男人夠細心，從識破女性說謊的動機開始，或許就可以發現女性的很多秘密。

很多女人說的話常常會與自己的心意相違背。由此我們或許可以推知，言不由衷往往是女性的通病。

話說太多，難有好生活

本來與人聊天是一件很平常的事，但是女人過分喜愛與人聊天，卻會讓人很不舒服。這種「聊天」，被心理學家們稱為閒聊。

　　會說話是一件好事情，人們也常常能因此取得成功。但是，會說話的人往往不懂得學會「不說話」，所謂「大辯若訥」就是這個道理。

　　健談的男性一般都比較有知識，他們的腦子裡裝滿了各種各樣的東西，不把這些東西說給其他人聽，他們就會感到不舒服。

　　這樣的人精力比較旺盛，對新鮮事物很感興趣。

　　可是，研究發現，這樣的男性沒有弄清楚交談的作用。要知道，交談不是演講，也不是口才表演，不能只顧自己不顧別人，要讓別人有說話的機會，不能總是叫別人當聽眾。

　　也就是說，善於交談的人必須要學會傾聽，學會回答，不斷支持向你發表意見的人，只有這樣，才能達到交談的目的。

　　通常，健談的男人也具有比較強的攻擊性，只要看到異性，就想用自己廣博的知識博取對方的好感。

　　這些人其實是產生了錯覺，他們忘記了在生活當中，男性與女性之間更多的話題是生活和愛情。

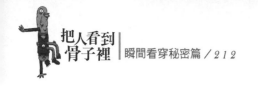

　　毫無疑問，這樣的話題才有利於溝通，才不會讓對方望而生畏。面對滔滔不絕的男性，女人一般也會認為他們喜歡賣弄，不懂生活情趣。

　　無數事實證明，唯有無知的女性才會相信這樣的男人，具有鑑別力的女性則會對男性的自以為是感到不滿。

　　事實上，健談的人社交能力是很強的，交往範圍也比較廣闊，通常也有很強的進取精神。

　　但是，他們大都名利心太重，常常因此四處奔波，吃力而不討好。如果可以明白了這一點，並且設法改善，一般都會取得不錯的成就。

　　另一方面，喜歡閒聊的女性做事情則往往婆婆媽媽，滿身俗氣，這樣的人可能能夠管理一個家，但是個人情趣就不怎麼樣了。

　　要知道，過分的閒聊就是無聊，就是白白地浪費時間。

　　本來與人聊天是一件很平常的事，但是女人過分喜愛與人聊天，卻會讓人很不舒服。

　　這種「聊天」，被心理學家們稱為閒聊。

　　聊天也是一門藝術，不是隨便說說話就行的。

　　好的聊天方式，必須要營造良好的氣氛，讓參與聊天的人都感到舒心。這種聊天不是靠知識豐富，而是要求雙方盡情交流，各自都可以充分地發表意見。

　　但是，有些喜歡閒聊的人常常是張三鼻子長，李四眉毛短，沒有一個話題是別人喜歡的。這種人往往給人窮極無聊的印象，有時候還會將自己的意見強加於人，強迫別人遷就自己。

　　這樣的女性常常是見人說人話，見鬼說鬼話，遇到醫生就說開刀動手術，遇到商人就談做生意，與官員談政治，與軍人說軍

事，既缺乏專業性又缺乏趣味性，結果往往言不及義，貽笑大方。不僅浪費了時間，而且還暴露了自己的無知。

但是，這種女人往往自己不會有這種感覺，反而還會沾沾自喜，認為不管什麼場合都有自己發揮的空間。

由於喜歡閒聊的女人，往往也喜歡搬弄是非，所以她們一輩子都不會有很好的發展，就算當個小職員都很容易受到眾人排擠。

一眼把人看到骨子裡

健談的人應該注意學會克制自己，不要自鳴得意。如果沒有意識到這一點，就是失敗的開始。

PART 10

「扮相」比長相更重要

不同社會背景對服飾的要求有所不同，

俗話説「人配衣服，馬配鞍」、

「三分長相，七分打扮」，相當有理。

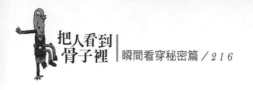

男性的飲食與性格特質

喜歡吃水果的男人往往從別人的言語和行為中察覺出一般人難以發覺的言外之意，就好像能夠從甜甜的蘋果中，體察出一絲絲的酸味。

從男人的飲食習慣與愛好，能夠進一步認識他們的個性與思考模式。

● 挑食 —— 個性固執

從科學的角度來說，挑食是一種不好的行為，每一類食物均衡攝取才能獲得身體所需的各種營養。

挑食的人喜歡挑肥揀瘦，這也不吃那也不吃。他們不是因為吃了這些東西會讓身體變得很好或是很壞，往往是心理作用的影響，慢慢慣出壞脾氣。

這種男人往往比較固執，他們會為了某些一點都不值得爭論的事情與人爭得面紅耳赤。在一般人眼裡那些事沒有什麼太大的價值，但他們卻認為至關重大。

他們有一個一般人沒有的優點，就是較強的選擇能力，心思往往比較細膩，凡是經過精心挑選的東西，無論是職業、房子、情人或是妻子，通常都會很不錯。

完美主義很累，這是很多心理學家都反覆指出的事實。世界

上很少有絕對完美的事情，挑食的男人往往追求完美，也經常被完美所累。

• 愛喝湯 —— 生活被動

有的男人因為酒力不如人而感到慚愧，所以他們不斷地喝湯，利用這種方式來掩飾自己酒力不如別人的事實。

這樣的男人，不光在酒桌上如此，在生活中也是如此，他們常常認為自己矮人一截。這種自卑感在人際交往、為人處世方面會不時表現出來，正因為如此，這樣的男人常常與機會擦肩而過，最終一事無成。

在愛情方面，愛喝湯的男人好像也很不順利。他們雖然渴望愛情，也擁有令人羨慕的財富和地位，但是由於總是常常處於被動的地位，所以最終不得不成為「被愛情遺忘的角落」。

湯其實是個好東西，很多營養都溶解在裡面，但卻總是讓人視為副餐。喜歡喝湯的男人與湯一樣，往往被別人看成次品。這種人喜歡繁華落盡的寧靜，喜歡一天工作之後回到屬於自己的個人天地裡。

愛喝湯的男人有一點特別值得留意。從外表看，他們的個性內向、不善言詞，因此一般人不會對他們有所猜忌，但事實上，他們經常會在暗中盤算著別人，因此，有時候這種人會突然脫穎而出。

• 愛嗑瓜子 —— 心情寬鬆

愛嗑瓜子的男人，通常肚量比較大、心情比較寬鬆、言行比較隨意，屬於和善且又經常面帶微笑的人。

心理學家們研究指出，笑容是一種高投資報酬率的感情投入，投入越多，收穫就會越多。

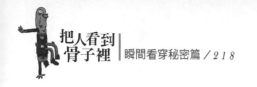

　　對於笑容有很深體會的人一定懂得這個道理，所以他們常常逢人便笑，往往得到很多善意的回應。

　　笑所表達的意思難以用語言表達，對人嫣然一笑，即使是很複雜的想法也可以表達得淋漓盡致。因此，一個人能夠笑口常開，就會向人們顯示他們樂天安命，知足常樂。笑容就如同門上掛著的一束橄欖枝，向人展現和善與友好。

　　一般來說，友好的笑容是不會得罪人的。嗑著飄香的瓜子，時而輕輕地微笑，時而開懷大笑，自然能將愉快的感情傳遞給他人，更為有益的是，能夠因此留給對方深刻的印象。

　　笑是一種自信的表現，可以表示胸有成竹，也可以表示歉意的解嘲。笑可以化腐朽為神奇，建立起人與人之間的心靈橋樑。愛嗑瓜子的男人常常以笑聲去征服別人，讓對方在毫無壓力的情況下產生敬畏之情。

　●愛吃水果 —— 好悟性

　　研究顯示，喜歡吃水果的男人愛聽奉承恭維的話。

　　這樣的人往往很敏感，能夠很隨意從別人的言語和行為中察覺出一般人難以發覺的言外之意，就好像能夠從甜甜的蘋果中，體察出一絲絲的酸味。

　　他們常常會把別人的忠告或善意的教誨進行加工分析，看看是否別有用心。這種人會很認真地聽取別人的意見，但是並不等於他們會聽從。

　　他們很理性，通常不會憑著第一印象評價一個人，也不會憑著直覺判斷是非曲直。不管對方給他們留下多好的第一印象，都不會很簡單地相信別人，要看對方是否有真才實學，是不是能夠有所建樹，如果答案是肯定的，他們才願意相信。

　　這種人不能容忍重複犯錯，如果自己出錯，第一次可以原諒，第二次就不能容忍。

　　對於別人也是如此，只給人一次犯錯的機會。

　　此外，愛吃水果的男人通常會得到上司的青睞，升遷的機會頻繁。他們懂得見風轉舵，瞄準機會向上攀登。這種人適合在仕途上尋求發展。

一 眼 把 人 看 到 骨 子 裡

　　挑食的男人往往比較固執，喜歡喝湯的男人比較被動，愛嗑瓜子的男人通常肚量比較大，愛吃水果的男人懂得見風轉舵……，從男人的飲食好惡可以解析他們的心理特質。

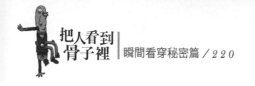

女性的性格與口味密不可分

不論是重口味還是愛吃零食，女人在口味與個性上的統一，就建立在這兩個飲食特質之上。

　　大部分女性在飲食方面帶給人兩種印象：重口味與愛吃零食。這兩種飲食習慣正反映出女人的心理特質。

　　● 重口味

　　有的女性喜歡吃很鹹、很辣，或是很酸的東西，這就是人們常說的重口味。

　　一般而言，這種女性具備了女性的風韻，也擁有男性的勇毅；既有女性的柔情，也具備了男性的果敢。

　　根據資料顯示，口味重的人待人接物都比較穩重，對人有禮貌，做事有計劃，大部分喜歡埋頭苦幹，但是不太重視人與人之間的感情，有時還顯得有點虛偽。

　　喜歡吃酸的人比較有事業心，但是個性孤僻、不善交際，遇事喜歡鑽牛角尖，很少有知心朋友。

　　在她們的心目中，不喜歡林黛玉的「一年三百六十日，風刀霜劍嚴相逼」，也不喜歡王熙鳳那種「明是一盆火，暗是一塊冰」，她們往往敢作敢為，還會成天迷戀著幻想中的白馬王子。

這種女性愛恨分明，她們可以放聲大哭，也可以朗聲大笑；她們會為古人落淚，也會為社會的不平而大聲吶喊。這種女性有女人的溫柔，也有男人的雄渾，十分可愛。這是口味與個性的統一。

口味重的女性善於思考，比較有主見，常常是吃軟不吃硬，但有時喜歡挑剔別人身上的小毛病。

● 愛吃零食 ── 心直口快

有的女性非常喜歡吃零食，只要是她們醒著的時候，嘴巴就不會停下來，常常是一邊說話一邊吃東西。

因為常常邊吃邊說，所以這樣的女性往往話比較多，但是她們都是有口無心、為人正直、值得信賴，但卻又總是口無遮攔，給人一種心直口快的印象。

這種不停吃東西的行為，其實是一種孩子氣的表現，所以有些男人認為女人就像個孩子。但另一方面，男人也認為，愛吃零食的女人視野比較狹窄，不能參與激烈的競爭。不論是重口味還是愛吃零食，女人在口味與個性上的統一，就建立在這兩個飲食特質之上。

一眼把人看到骨子裡

男人與女人的飲食習慣大不相同。大部分女性在飲食方面帶給人兩種印象：重口味與愛吃零食，這兩點與女人的性格特質息息相關。

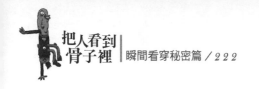

愛喝咖啡讓人自命不凡

愛喝咖啡的人總是擺出高高在上的姿態，他們
的周圍是人緣的沙漠，很少有人願意輕易涉入
其中。

　　喜歡喝咖啡的人往往很重視情調，但言辭卻咄咄逼人，好像
只有自己才是英雄。由於他們蔑視一般人且極度自信，所以也不
被常人理解。按理說，這樣的人有能力取得更大的成就，但是因
為他們的自命不凡，所以經常會失去競爭的機會。一旦失意就會
怨天尤人，感嘆「世態炎涼，人心叵測」。

　　這種人最大的弱點，就是一輩子只能生活在自己的圈子裡。
他們無論面對什麼人，總是擺出高高在上的姿態，不能低頭與人
親近。即使是好朋友、好同事乃至於夫妻之間，這種傲視一切的
神態也不會有什麼太大的改變。

　　這種人喝咖啡就像有酒癮一樣，只要喝下一杯咖啡，他們就會
滔滔不絕地發表自己的高見，根本不管聽眾是不是願意聽。有人認
為，這種人的周圍是人緣的沙漠，很少有人願意輕易涉入其中。

　　美國範德比爾特大學的馬丁教授認為，咖啡中含有許多對於
大腦健康有益的成分。馬丁教授透過將近二十年的研究證實，每
天喝二到四杯咖啡，對大腦有益。完全不喝咖啡的人，比適量喝

咖啡的人更有可能罹患大腦方面的疾病。

除了能夠預防疾病，咖啡中的咖啡因還能啓動中樞神經系統，可用於製造長效鎮痛物質，治療困倦、傷風感冒、哮喘和水腫。

馬丁教授之所以認爲咖啡是大腦的好朋友，還有另一層原因，那就是咖啡能夠預防癡呆。咖啡中含有抗癡呆症的物質，這種物質能夠減少有害物對於身體的影響，有助於防範一些疾病。雖然結論讓我們頗感意外，但卻是一個好消息。

咖啡還有很多其他正面的功用。咖啡中含有大量維生素，這些維生素是幫助大腦學習與記憶的能手。科學家進行的實驗顯示，如果老鼠飼料中缺乏維生素B1，牠們就會出現被動迴避反應能力喪失，其中五十％的老鼠會喪失記憶能力。如果及時補充維生素B1，牠們的記憶力就能夠快速恢復。如果缺乏維生素B1，動物體就會主動抑制「乙醯膽鹼」的合成，進而影響到學習與記憶能力。

荷蘭科學家曾經做過一項試驗，試驗前讓受測者喝下含有三十二毫克咖啡因的咖啡，實驗證實受測者的閱讀速度提高，頭腦也變得更加清醒。所以如果想要刺激大腦記憶體運作的速度、提高工作效率，最好提前半個小時喝一杯咖啡。

但是，咖啡不能喝得過多，否則會產生依賴反應，久而久之還會成癮。一旦上癮，想要戒掉可就不容易了。

一眼把人看到骨子裡

愛喝咖啡的人，與其說他們在喝咖啡，倒不如說他們在品嚐人生的苦味。這樣的人往往自視甚高，自認為看透了人間種種，不太能夠客觀、實事求是地評價自己。

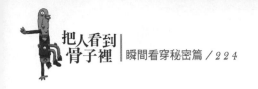
邊吃邊說，是一種不尊重

不管是多高深的見解，多華麗的詞藻，如果在
不恰當的場合，對著不適當的對象發表高論，
到頭來只會以失敗告終。

　　吃東西的時候不講話，已經成為人們約定俗成的習慣，中國
就有「食不言」的說法。如果因為日理萬機而必須在飯桌上談公
事，那自然另當別論，但即使必須在進餐的時候談話，也不要講
得太多。

　　有的人經常把飯桌當成會議桌，一坐到飯桌上就特別愛說話。
面對一道道香味四溢的的佳餚，其他人都希望能夠立刻舉箸開食，
但這種人卻打開了話匣子，開始高談闊論，即使大家都沉默不語，
沒有人搭話，他也沒有絲毫收斂。

　　這種人好出風頭、好高騖遠，大都比較浮華，表裡不一，經
常給人一種不舒服、不可靠的感覺。

　　中國人特別不喜歡在吃東西的時候講話，制定過許多規矩，
其中就有「食不言，寢不語」，要求人們在吃東西的時候不要說
話。中國人認為吃東西的時候就該專心吃東西，該講話的時候才
要講話，如果一邊吃東西一邊講話，就會影響別人進食，對別人
是一種不尊敬。

一般人在說話的時候都很在意聽眾多寡，但喜歡在吃東西的時候講話的人通常是不管有沒有人聽，都會喋喋不休地說個不停。

事實上，不管是多高深的見解，多華麗的詞藻，如果在不恰當的場合，對著不適當的對象發表高論，到頭來只會以失敗告終。

但是，這種人有著比較聰明的頭腦，而且非常善於揣度女性的心理，對於女性的興趣和愛好，他們經常能摸得一清二楚，並隨時隨地給予最大限度的滿足。在女性面前，大多很受歡迎。

由於這種人愛表現，所以成功的機會也比較多。

他們的運氣似乎也特別好，一步一個台階，一年登上一個層次，好運幾乎每年都光顧他們。這種人的仕途順利，總是在短時間內就走完其他人幾十年才能走完的路程，令人羨慕。

一眼把人看到骨子裡

對吃東西的時候喜歡講話的人而言，很多來得容易的東西，往往去得也很容易，因為他們浮華的個性，必然會導致大起大落。「無名無利過殘生，冷冷清清無人問」，經常是這種人晚年淒涼生活的絕妙寫照。

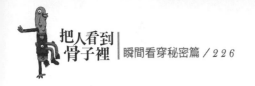

抓住最合適的空間距離

陌生人之間總是保留一定的空間距離，不同的
國家有不同的距離，不同的人種有不同的習
慣，不需強求，也不可嫌棄。

在社交場合，人們常會發現這樣的現象：一個日本人與一個
英國人在大廳裡交談，談話過程中，只見英國人不斷地往後退，
日本人卻不斷地往前走，到了最後，日本人形容在圍著英國人轉
圈子。爲什麼會發生這樣的情況呢？

英國人的後退，是爲了自己的個人空間不受侵犯，日本人的
往前走，則是爲了調整他自己的個人空間。換句話說，英國人需
要的個人空間比較大，日本人的個人空間相對較小。因此，英國
人不斷試圖拉開彼此之間的距離，日本人卻在不斷地縮小兩人之
間的距離。

不同文化背景對空間的要求是不相同的，行爲語言學家研究
發現，日文沒有「獨處」這個詞。不能說日本人沒有獨處概念，
但他們的理解卻與英國人不同。

日本人認爲，獨處存在於自己的家中，他們把這一片地方當作
是自己的領地，不容許其他人任意侵入。但在公共場所，卻會不斷
地往他人的面前靠，足以證明他們的空間概念與西方人明顯不同。

和日本人一樣，阿拉伯人也喜歡與人靠得近一些，即便擁有

相當寬廣的個人空間，阿拉伯民族仍喜歡全家人擠在一起，不喜歡獨處。

阿拉伯人的空間距離小，日本人的空間距離也小，但他們之間仍存在明顯區別。阿拉伯人喜歡親近自己的夥伴，感受對方的體溫和氣味，在阿拉伯人眼裡，嫌棄他人身上的氣味是非常無禮的行為。

日本人也喜歡親近他人，但他們的親近仍保持著一種禮節，態度一般較客氣、冷淡，不輕易超過界限。

在公共場所，美國人有許多界限，即使像排隊購物這樣的事情，他們也認為自己所處的位置神聖不可侵犯。但在阿拉伯人的認知裡，公共場所根本沒有所謂的個人空間存在。即便其他人已經排好了隊，阿拉伯人還是會毫無顧忌地往裡擠，他們認為自己有權利這麼做，不認同那是必須被禁止的錯誤行為。

中國人的個體距離只有西方人的一半，只需隔著一張書桌，就可以各人做各人的事情，不感到拘束。由於人體距離比較近，所以許多中國人認為並不隱秘的事情，看在美國人眼中，卻認為是個人隱私，不容窺探。中國人多認為西方人不夠友好，顯得疏遠，就是因為這個原因。

陌生人之間總該保留一定的空間距離，不同的國家有不同的距離，不同的人種有不同的習慣，不需強求，也不可嫌棄。

一眼把人看到骨子裡

每個人都有個人的心理空間，會習慣性地把自己圈定在這個空間氣場裡。一般情況下，這個空間不能讓他人隨便侵犯。

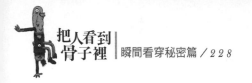

善用印象，達到加分影響

在社交過程中，害人之心不可有，防人之心更不可無。要告誡自己具備一定的設防意識，即建立「設防心理」。

在日常生活中，我們每天都需要與人進行交流。掌握一定的交際心理方法，將可望從眾生中脫穎而出，成為受到注目的焦點人物。

以下幾點，值得注意：

● 首因效應

首因效應是交際心理中較重要的名詞，在人際交往中對人的影響較大。人與人第一次交往中留下的印象，在對方的腦海中佔據主導地位，這種效應就為首因效應。

我們常說的「給人留下好印象」，一般所指就是第一印象，與首因效應相關。因此，在交友、求職等社交活動中，可以利用這種效應，在他人心中留下極好的第一印象，為以後的交流打下基礎。

● 近因效應

近因效應與首因效應相反，是最後一次見面給人留下的印象，這個印象在對方的腦海中也會停留很長時間。對於多年不見的朋

友，印象最深的，必定是臨別時的情景，這就是近因效應。一個朋友總是惹你生氣，可是談起原因，大概只能說上兩三條，也是近因效應的表現。

利用近因效應，在與朋友分別時，給予真誠的祝福，將能有效美化自己的形象，進一步產生「光環效應」。

● 光環效應

一旦對某個人有好感後，就會很難感覺到他的缺點存在，好似有光環圍繞著他，這種心理就是光環效應，所謂「情人眼裡出西施」，正是同樣的道理。

光環效應有一定的負面影響，在這種心理作用下，你很難分辨出好與壞、真與偽，容易被人利用。

所以，在社交過程中，害人之心不可有，防人之心更不可無。要告誡自己具備一定的設防意識，即建立「設防心理」。

● 設防心理

兩個人獨處的時候，不時地會有些防範心理，人多的時候，你會感到沒有自己的空間，不確定自己的物品是否安在，就是「設防心理」。

一眼把人看到骨子裡

設防心理在交往過程中會產生一定的負面作用，阻礙正常的交流，因此必須加以控制，不可過分。

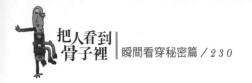
從化妝的用色看性格

橙色的唇膏給人溫柔、親切的感覺。喜歡這種
顏色的女性能夠自我控制，具有優秀的判斷
力，以職業婦女居多。

從一個女性化妝時所喜歡的顏色，也可看出隱藏的個性特點：

● 粉色

粉色是最能表現純情和女性之美的顏色。

第一次約會時使用這種顏色唇膏的女性較多，喜愛這種顏色
的女性擅長讓男士喜愛自己，對戀愛抱有很大的期待，即使平時
寡言、不顯眼，一旦陷入戀愛，便會發生大膽的變化。

● 紅色

紅色唇膏使嘴唇更為突出，充分表現成年女性的風韻，沒有
自信的女人，多半不會使用這種顏色。

● 橙色

橙色的唇膏給人溫柔、親切的感覺。喜歡這種顏色的女性能
夠自我控制，具有優秀的判斷力，以職業婦女居多。

她們在戀愛方面，具備獻身精神，在家庭中可成為賢妻良母，
可一旦被對方背叛，則可能產生強烈的報復欲望。

● 褐色

這種顏色有種沉穩、安靜的魅力。喜歡此顏色的女性，多對自己的感覺抱有自信，能使化妝和服裝漂亮地搭配在一起。對流行相當敏感，對工作和戀愛的自我要求都很嚴格，能採取冷靜的態度看待、評估事物。

此外，對男性有敏銳的觀察力，理想較高。

● 紫色

自我表現欲望很強，期望展現出被修飾過的自己。

一般化妝較濃，在髮型和服裝上也著重引人注目。重視自己的個性，不喜歡平凡的生活方式，給人難以接近、不易被引誘的感覺，但是另一方面也具有讓男性喜愛的不可思議魅力。

● 珍珠色

喜歡用此顏色的女性，自我主張明確，有個性和熱情，希望坦率地面對自己的欲望，自由地享受生活，想做什麼就勇敢去做，不刻意隱藏。

在戀愛方面，討厭受男性束縛，期待冒險，很有主見。這類型女性很多易被比自己年少的男性所吸引。

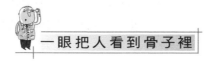

一 眼 把 人 看 到 骨 子 裡

透過對化妝品顏色的選擇，女性會不自覺地表現出自己隱藏的個性或潛意識，非常值得男性注意。

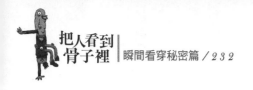

觀察首飾，也是了解人的好方式

身上掛著成串的紅寶石、綠翡翠，實際上全是
贗品。這種人把自己的外貌放在非常重要的位
置，也可能對生活要求甚高，但實力欠佳。

　　美國紐約知名心理學家伊莉尼醫生認為，透過觀察女性佩戴
的首飾，不僅能看出她的愛好和眼光高低，還可以反映出她的個
性。

　　● 金首飾

　　全身戴滿了金戒指、金耳環、金手鐲、金項鍊的人，往往頗
有自信心、個性外向，並對人友善。如果只有少許金首飾，如一
對耳環、一條項鍊，或只是一只金錶，則說明有欣賞好東西的品
味，但不太外向，相當注意對自己的約束，不是一個態度隨便的
人。

　　● 銀首飾

　　喜歡戴銀首飾的人，相當注重秩序，做事喜歡按照事先制定
好的規則，尤其是每天必須進行的例行工作，而不喜歡突然使人
驚奇。

　　● 家傳首飾

　　有些女性喜歡配戴家傳首飾，如舊手鐲、舊式耳環和戒指，

或古老的胸飾，而不去買現代的首飾，身上絕無新潮的飾物。這類型的女性多半熱衷家庭、忠於家人，對朋友也非常忠誠。

● 誇張的首飾

喜歡戴很大的首飾，比如大耳環、大胸針、大顆的彩色假寶石等，大多是無憂無慮者，很有幽默感，喜歡在眾人中突出自己。

她們大多受人歡迎，也樂於助人，能與人和睦相處。

● 藝術品首飾

有人喜歡買手工做的首飾，或是自製的飾物，每件都要求與眾不同。這類人具有創造性，如果向文藝、戲劇方面發展，會有相當不錯的成就。

● 宗教飾物

有人喜歡配戴小十字架或其他具宗教意味的小飾物，這種人有深切的內在力量，對自己的素質引以為傲。為人實際，不擺架子，不僅不希望有炫耀成分的飾物出現在身上，更不願意佩帶假首飾。

● 假首飾

身上掛著成串的紅寶石、綠翡翠，看起來漂亮，實際上全是贗品。這種人把自己的外貌放在非常重要的位置，也可能對生活要求甚高，但實力欠佳。

一眼把人看到骨子裡

首飾是一個人用以表現自我、肯定自我價值的方式。可以說，那些喜歡佩戴名貴首飾的人，儘管自傲，卻也是相當自卑的。

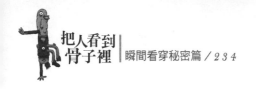

西裝筆挺展現一絲不苟個性

男人需要氣質，應該展現出瀟灑的味道。喜歡西裝的男人懂生活、重品質，同時也比較墨守成規。

西裝的造型端莊、瀟灑大方、舒展適體，在世界各地都相當流行。有的男性對西裝比較喜歡，常常都是西裝革履。之所以如此，是他們認為西裝比較有品味，最能夠表現自己的身份和地位，以及陽剛之氣。

對於穿衣，法國人有這樣一句名言：「該穿什麼，就穿什麼。」與中國諺語「是什麼將軍打什麼旗號，是什麼老者戴什麼帽」如出一轍。

喜歡穿西裝的人，對此堅信不疑，很捨得花大錢去買一件名牌西裝，因為他們認為既然要穿，就得穿出樣子來。

他們對於把西裝當工作服的人，向來瞧不起，認為縐巴巴的廉價西裝，給人一種頹唐的印象，既沒有品味，也沒有美感。

男人需要氣質，應該展現出瀟灑的味道。喜歡西裝的男人懂生活、重品質，同時也比較墨守成規。這樣的人能給上司和同事一種較穩重的印象，因此在事業上通常比較成功，也較容易得到女士的青睞。

按照一般的習慣，穿西裝就應該打領帶。

不言而喻，領帶是西裝不可缺少的良伴，一條合適的領帶，足以完整表現出一個人的風度和氣度。

事實上，領帶除了具有裝飾作用，還是時代潮流與個人個性的最好反映。

十九世紀，在藝術家當中，很流行展現出豐富情感的「大花」領帶，而現代的領帶則更加五花八門。生性靦腆的男人比較喜歡又短又小的領帶，至於年輕人則喜歡昂貴的名牌領帶。

愛用領帶點綴形象的男士，往往具有很強的活力，喜歡各種各樣的新潮款式。

一九八六年，時任法國總理的法比尤斯與前總理希拉克舉行一場選前電視辯論。輿論普遍認為法比尤斯佔有明顯的優勢，因為他的口才很好，又有比較豐富的經驗。可是最後，反倒是希拉克取得了勝利。

專家分析認為，法比尤斯之所以吃敗仗，在於衣著上出了大問題。他在螢幕前穿的是淺灰色西裝，給人的感覺比較灰暗，不太有精神。此外，他的襯衣和領帶與西裝搭配不上，這就使形象大打折扣。

由此可見，領帶與衣服的搭配非常重要。

一眼把人看到骨子裡

經常繫領帶的男士一般比較注重細節，多能成大事，但可別拘謹過頭，給人呆板的印象。

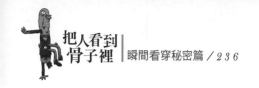

不同服飾代表的不同個性

> 確實，牛仔裝已經成為正規服裝中的調味品。
> 一旦男人穿上牛仔裝，奔放不羈的個性就會充
> 分地顯示出來。

夾克，幾乎可說是男人的專利。

男人穿上夾克，的確可以以不變應萬變。細心觀察，會發現各種各樣的夾克，足以教人感到眼花撩亂。

正因為夾克的樣式很多，可以滿足不同類型的男人，因此在男人的世界相當風行。年輕人、老年人都適合，年輕人穿上夾克，顯得很有活力，老年人穿上，則顯得神采奕奕。喜歡穿夾克的男人，沒有穿西裝的男人那樣拘謹，沒有穿中山裝的男人那樣嚴肅，也沒有穿牛仔裝的男人那樣自由。

穿夾克者，個性多自然樸實，自信且達觀。

休閒服本來是居家或節假日郊遊的便裝，現在已經成為外出、上班、約會也可以穿的服裝了，特點是比較寬鬆、自在。

喜歡穿休閒服的男人，比較熱愛趕新潮，愛時髦，對於花樣翻新的休閒服可說情有獨鍾，無論在家還是外出，往往都穿同樣的服裝，以吻合自己悠閒的心理狀態。

穿休閒服的男人不如穿西裝的男人莊重，不如穿夾克的男人

含蓄，不如穿牛仔褲的男人瀟灑，但這種服裝正足以表現他們隨意的個性與生活態度。

喜歡休閒裝的人喜愛追求浪漫、輕鬆的生活。堅信百年人生轉瞬即逝，倒不如輕鬆相對，笑談相迎。

這種人在辦公室裡總是不能安分守己，比較適合從事記者、教師、作家等職業。他們不大希望轟轟烈烈地過一生，只希望輕鬆度日，當一個「有閒階級」就好，信奉的人生信條是「別活得太累」。

但要注意一點，若是浪漫過了頭，脫離現實，那就不好了。

當今世界，牛仔服裝已經在很多地方流行。特別是在西方社會，上至總統、總理，下至一般百姓，乃至街頭的市井無賴，都對牛仔衣、牛仔褲特別鍾愛。

確實，牛仔裝已經成為正規服裝中的調味品。

一旦男人穿上牛仔裝，奔放不羈的個性就會充分地顯示出來。穿牛仔裝不僅僅是時尚的象徵，更重要的是方便、好搭配。很多問題，或許男性不在乎，女性卻相當在乎。有不少妙齡女性對這樣的男人很感興趣。不管怎麼說，這樣的男人是自由主義者，追求時尚，不拘細節，這一點毫無疑問。

T恤現在已經走向世界了，很多人都喜歡穿。T恤明亮的色彩，鮮豔的圖案，大大小小的色塊組合，的確給人們的生活增添了不少樂趣。

喜歡穿T恤的男人多較豪放，對生活充滿了希望。

這種衣服本來是運動員的著裝，所以，穿上這種服裝，常常也會給人一種比較強健、活潑的感覺。有人統計過，時裝大師很多都是男性，而時裝的消費者則大部分是女性。這是很有趣的現

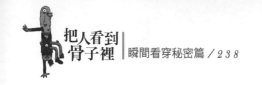

象：大多數男性愛穿比較灰暗的衣服，五顏六色的服裝多半是爲女性所準備。

心理學家們對此進行分析，認爲很多男性不敢穿花襯衫，是在自己的心目中有這樣的刻板印象，認爲花襯衫不夠陽剛。事實卻正好與認知相反，現實生活中，喜歡穿花襯衫的人，多顯得陽剛氣十足。

這樣的人是不甘沉默的，常常標新立異，總想引起世人的注目。有很強的創造力，是非常典型的男子漢。他們一般不會隨波逐流，如果有一天，大多數男人都穿上了花襯衫，他們一定會馬上改穿素色的襯衫。

穿花襯衫的男人喜歡無拘無束，自由奔放的生活。他們往往聰明伶俐，卻常常被人誤解，認爲狂放不羈，不守規矩。

可以說，喜歡穿著以上這些類型服裝的人，即使沒有運動員那樣的體魄，也多少會有運動員一般的心理特徵，比較隨性，相當有魅力。

用墨鏡隱藏心思

戴上墨鏡能把眼睛遮蓋起來，讓他人無法從看到瞳孔的變化，同時也隱藏自己的心思，顯得不好親近。

眼睛出了毛病就會戴眼鏡，這是很自然的事情，不過，透過眼鏡，往往還能夠看出一個人的個性。

有的人在與人說話的時候，總是將眼鏡戴上、摘下，又戴上。有些人甚至會有把一邊的眼鏡腳架靠近嘴邊或放進嘴裡的習慣，這些都是下意識的行為。

戴眼鏡的人做這些動作，潛在的目的是為了拖延時間，以便做出某個他們認為重要的決定。如果一時拿不定把握，還會不斷地重複使用這個動作，下意識地掩飾自己的緊張情緒。

在討論會上，也常常會出現以下情況：當一個人被迫做出某種決定時，會藉重複同樣的動作拖延時間。

這種摘眼鏡、戴眼鏡的動作，有時會產生一種特殊效果：講話的時候將眼鏡摘下，聽別人講話的時候又將眼鏡戴上，不僅會給聽話的人較平易近人的感覺，也幫助自己把握住發言的主導權。

當自己摘下眼鏡的時候，對方不會搶話頭，而自己戴上眼鏡的時候，對方就可以毫無顧忌地按照原定想法發言。

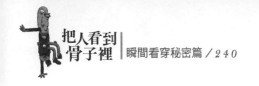
　　過去，許多人認為戴眼鏡者多半高傲、嚴肅，難以接近，其實不一定正確。

　　產生這種認定的原因，可能是因為眼鏡本身。

　　眼鏡常常是讀書人的標誌，在有些人心目中，讀書人比較清高，所以把戴眼鏡的人與讀書人畫上等號。

　　另外，可以發現，越來越多人喜歡戴墨鏡。

　　戴上墨鏡能把眼睛遮蓋起來，讓他人無法從看到瞳孔的變化，同時也隱藏自己的心思，顯得不好親近。

　　鑑於這種情況，戴墨鏡的人與人交談的時候，應該主動把墨鏡取下來，以免造成不必要的障礙。

　　俗話說「眼睛是靈魂之窗」，因此，隱藏眼睛的變化，與隱藏自己的內心世界沒有什麼區別。戴墨鏡的人，除了想要遮擋太陽光，最主要動機就是隱藏自己的心靈，希望與別人保持距離，藉以讓自己的內心世界獲得暫時的安寧。

藉妝扮肯定自己

女性喜歡化妝，這是毫無疑問的。但是觀察後發現，很多青春少女並不注重化妝，而特別注重化妝的，常常已經是半老徐娘。

　　從外表上看，有人的長相美，有人的長相不太好看。譬如高鼻子、雙眼皮是美的標準。但是對於東方女性來說，由於遺傳方面的因素，很多人是不合格的。

　　長相不好看該怎麼辦呢？

　　為了美的需要，有些女人不怕痛苦，不怕花錢，決定走上美容這條路。

　　一般來說，敢於選擇美容的女人，渴望生活得更美好，相信明天會更好。這樣的女人，身上必定展現出蓬勃的生氣。

　　可以說，敢於美容的女性是生活的強者。她們不吝於重新塑造自己，畢竟不管出於什麼目的，走進美容院，都是希望自己的外表獲得新生。

　　女性喜歡化妝，這是毫無疑問的。但是，觀察後我們會發現，很多青春少女並不注重化妝，而特別注重化妝的，常常已經是半老徐娘。這些女性化妝的目的，就是為了讓青春常在。

　　這樣的女人對化妝品特別留意，一旦聽說有新產品上市，特

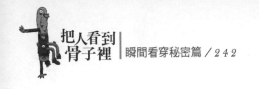

別是據說可以讓「青春永駐」的化妝品，多半不吝惜花錢嘗試。

這樣的女人多半信心不足，企圖靠化妝品爲自己壯膽打氣。

不過要注意一點：愛美固然不是壞事，卻不能犧牲健康，千萬別因爲過度塗抹化妝品而弄壞了自己的皮膚與身體。

必定注意到一種現象：許多女性明明收入不高，卻硬是要想方設法買一、兩件比較貴重的首飾，帶在身上。

女人喜歡首飾，這沒有什麼了不起，愛美之心人皆有之。但有的女人滿身打扮得珠光寶氣，只要看到喜歡的首飾，即使節衣縮食也要買下來，這就值得商榷了。

戴一枚結婚戒指，是對情愛的渴望，這的確是人之常情。但是，那些很看重首飾的女人，戴首飾的目的往往是向他人炫耀。很顯然，她們是希望用這些東西抬高自己的身價和地位，相當可悲。

一眼把人看到骨子裡

只要認真觀察一下就可以發現，佩戴越多首飾的女人，越缺乏自信。那些受到尊敬、享有盛名的專家、教授、政府官員等，身上很少配戴首飾，就是最好的證明。

PART 11

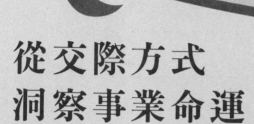

從交際方式
洞察事業命運

追求權力不得自然會痛苦，

得到了權力之後害怕丟失，同樣使人痛苦。

得到了高位，「高處不勝寒」，

孤獨自不必多言。

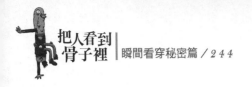

陳腐固執，不是好事

有的人接到他人遞過來的名片，常常會一邊看，一邊注意對方的眼睛。這種人的警惕性很強，觀察力相當敏銳。

　　有的人喜歡把自己侷限在很小的圈子裡，與其他人只有工作上的交往，很少有私交。他們辦事的時候，先要分出公事還是私事，只有屬於公事，才採取行動，如果屬於私事，他們就不會參與其中。

　　這種人對他人的態度很冷淡，沉默寡言，別人很難讓他開心。與這樣的人建立良好的關係需要花很大的力氣，很難給人信任安全感。事實上，這種人不是沒有情感，而是他們的表達比較遲鈍，不會揣測對方的心理需求。

　　這種人對生活很隨便，給人一種懶懶散散的印象。對一般人在意的事情可以一點也不在意，如煙蒂從煙缸裡掉到地上，一般人都會撿起來，他們卻視若無睹；超過了規定的時間，普通人都會著急，心裡感到抱歉，他們卻若無其事，好像與自己沒有關係似的。除此以外，他們常常會忘記自己與他人的承諾或約定，經常反悔。

　　從外表來看，他們工作起來好像很賣命，其實效率非常低，

缺乏開拓的能力和勇氣,最終很難達到什麼成就。

對這種人,如果人品還過得去,可以叫他們辦一些力所能及的事情。如果人品很差,那麼最好不要輕意任用、親近,以免造成不必要的損失與困擾。

此外,有的人接到他人遞過來的名片,常常會一邊看,一邊注意對方的眼睛。這種人的警惕性很強,觀察力相當敏銳,屬於「無事不登三寶殿」者。

他們很喜歡表態,常常會明確的說「是」或「不是」。只要覺得有賺頭,馬上就會回答「是」,如果覺得無利可圖,就會馬上說「不」。即使對方不斷勸說,也不會輕意改變主意。

這種人有很強的實踐力,想好了就會立即付諸行動,是標準的自我中心者,只要不合自己的意願,就會感到很不高興。由於他們有很強的實踐力,所以,不會固守在一個空間,總在四處活動,想撈一些好處。這種人的朋友不會很多,他們從來不會亂花錢。對世俗的奉承,他們向來不在意。

與這種人交往,花言巧語的作用不大,除非拿出實實在在的東西,否則他們不會相信。最初五分鐘的談話,對這種人來說是至關重要,只要說服了他們,他們就會馬上去做自己已經答應的事情。

他們對事情考慮得比較周到,要辦的事,常常已經在大腦裡「預演」多次。因此,要說服這種人,給他們看實證,效果往往比單純藉語言交流好得多。

也有些人,無論做什麼事情,總想發號施令,一旦沒有這樣的機會,他們就會覺得很不舒服,心裡相當難受。在各種各樣的集會上,總是千方百計地講話、插話,希望取得支配地位。這種

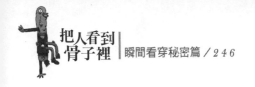

人，以男性爲多。

還有些人，常常去參加會議，並且積極地發言，把自己的觀點推銷給與會者。這種支配型人物，從初次見面就可以看出來。譬如他們會在名片上印著一大堆頭銜，有時還會使用很大的字體。無論對什麼人，都不很客氣，往往有些隨便。一旦得到講話的機會，就會一個人滔滔不絕地講個沒完沒了，不讓別人有說話的機會。一般來說，他們非但不大聽從他人的意見，還會設法強迫他人接受自己的意見。

這樣的人，就是典型的支配型人物。他們總有一種錯覺，認爲只要自己的一句話，問題就會馬上解決。在集會上，總不斷搶先發言，把自己的意見灌輸給別人，並且希望所有人都按照自己的意見去做。他們根本不在乎別人的反應，只要自己能夠當上主角就行。

他們之所以這樣，在於重視功名利祿，有很強的成名成家的內在衝動。與這樣的人交往，應該充分地滿足他們的支配欲望，讓他們感到滿足。

一眼把人看到骨子裡

這幾類人最大的缺點就是不會接受他人的正確建議，不會集思廣益，錯過不少本來可以取得成功的機會。對這樣的人應該巧妙地加以控制，因勢利導，讓他們做有利於社會的事情，而不是製造亂子。

男女抽煙心態大不同

男性抽煙是因為他們喜歡香煙，女性抽煙則是
因為她們厭惡香煙；男性抽煙是出自於自身的
需要，女性抽煙卻是做給別人看。

抽煙是有害的。很多研究顯示，抽煙有百害而無一利。美國
把抽煙稱為「二十世紀的鼠疫」，毫無疑問的，抽煙是一種慢性
自殺行為。

煙草的化學成分十分複雜，光是有毒物質就多達二十多種。
除了眾所周知的尼古丁之外，煙草裡還含有一氧化碳、煙焦油、
芳香化合物等等，這些都是具有很大危害性的致癌物質。

抽煙的時候，煙霧中的有毒物質和有害氣體高達七百五十種
以上，濃度十分驚人。美國科學工作者在一家充滿煙氣的酒店裡
進行測試，空氣中的有害物質竟然比平常的地點高出十倍。

吸煙的危害數不勝數，最近德國醫學專家的研究證明，常年
吸煙的人腦組織常常會出現不同程度的萎縮，容易罹患老年癡呆
症。研究更近一步顯示，長期吸煙可能引起腦動脈硬化，時間一
久就會導致大腦供血不足，神經細胞變性，繼而萎縮。

而且吸煙和飲酒是很難分家的，科學家最近發現，吸煙者的
酒量比不吸煙者大。

　　美國德克薩斯大學健康科學中心的研究人員透過對動物的實驗發現，香煙中的尼古丁可以明顯降低血液中的酒精濃度。專家認為，嗜酒者追求的是酒後醉醺醺的效果，但由於尼古丁降低了血液中的酒精濃度，抽煙的嗜酒者不能很快得到這種感覺，所以就會喝下更多酒。

　　尼古丁雖然能夠降低酒精濃度，卻不能同樣地減少酒精分解時產生的乙醛，致使乙醛對大腦以及肝臟、心臟和其他器官產生更大的傷害。

　　我們不主張吸煙，因為吸煙不僅危害自己，還會汙染環境，危害他人。但仍然有許多人無視於這些危害，選擇繼續吞雲吐霧。聰明的觀察者就能夠藉此機會，在他人吞雲吐霧的同時，窺探他人的內心世界。

● 男性愛抽煙──懷舊心理

　　有的男人很愛抽煙，我們經常聽到「飯後一根煙，快活似神仙」這句話。

　　有的男人原本煙抽得不多，但是一段時間之後，煙一根接著一根抽，他們發現有時候需要藉著吸煙的方式排解心中的鬱悶。於是他們把煙作為盾牌，抵禦外界的煩擾，沉溺於煙霧之中難以自拔。這種排遣悶氣的方式不可取。常言所謂「藉酒澆愁愁更愁」，事實上，以煙消愁最終也是「愁上加愁」。

　　心理學家研究認為，有煙癮的男人多半是弱者。所以，吸煙成癮的男性應該儘量少抽煙，從沉默中走出來，回到正常的現實生活當中。

● 女性愛抽煙──好勝心強

　　好抽煙的女性很有野心，好勝心極強，性情比較孤僻，總是

希望在別人的心目中獲得一種鶴立雞群的「英雄」形象。

抽煙的女性與抽煙的男性具有不同的潛在意義。男性抽煙或許是爲了展現男性的風采，或是爲了應酬等等；女性抽煙則往往是希望帶給別人一種與衆不同的印象，展現自己的魅力。事實上，這種行爲是不可能達到目的的。愛抽煙的女性是在逃避孤獨和寂寞。

有趣的是，男性抽煙是因爲他們喜歡香煙，女性抽煙則是因爲她們厭惡香煙；男性抽煙是出自於自身的需要，女性抽煙卻是做給別人看。

男性十之八九很難把煙戒掉，但女性一旦發現抽煙會爲自己帶來很大危害時，通常都會很快與煙草「恩斷義絕」。

在事業上，愛抽煙的女性可能會比較順利，但在家庭生活方面就很難說了。

在男性的心目中，抽煙的女性玩世不恭，孤芳自賞。因此，男人會與抽煙的女性交朋友，和她們做情人，但通常不會與這樣的女性論及婚嫁。

一眼把人看到骨子裡

吸煙不僅危害自己，還會汙染環境，危害他人。但仍然有許多人無視於這些危害，選擇繼續吞雲吐霧。聰明的觀察者就能夠藉此機會，在他人吞雲吐霧的同時，窺探他人的內心世界。

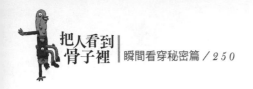
練就「城府」，對未來大有幫助

城府深的人思維不是十分敏捷，但是善於抓住
重要的資訊，並且對這些資訊給予高度的重
視，最終把握事物的本質和關鍵，獲得成功。

一個人有沒有心計，不是天生的，主要是後天形成的，所以
俗話說：「山中有直樹，世上無直人。」

很多情況表明，人年輕的時候，常常有熱情、有抱負，血氣
方剛，以天下為己任。他們認為，天下沒有辦不到的事情。這是
由於他們的社會閱歷比較淺，因此個性直率，一心希望當一個坦
坦蕩蕩的人。

可是，隨著時間的推移，見的事情多了，碰壁多了，漸漸地，
心裡面可以裝得了事情，不像早年那樣橫衝直撞，做事會越來越
懂得三思而後行。

在這樣的時候，他們遇事就會多加考慮，相機而動，不魯莽，
不粗心，不聲張，沉得住氣、容得下人。他們的城府，就是這樣
慢慢地變得深起來的。

這樣的人常常具有比較強的耐心，做起事來，一般會表現得
不慌不忙，給人一種胸有成竹的感覺。他們對一個問題大多能深
思熟慮，所以能夠想出比別人更好的辦法，因而取得成功。

　　這樣的人多半能夠成就大事。他們的思維不是十分敏捷,但是善於抓住重要的資訊,並且對這些資訊給予高度的重視,最終把握事物的本質和關鍵,獲得成功。

一眼把人看到骨子裡

　　在職場社會中生存,想要得到一定的成績,擁有適當的「城府」是必要的。可以説,這是一種保護自己的方式。

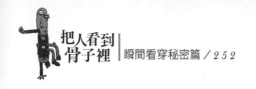
從抽煙動作看性格

> 抿著嘴抽煙的人缺乏工作上的主動性和足夠的
> 創造性，但為人處世卻很有城府。這種人的猜
> 忌心很強，不會輕易暴露自己的真實想法。

　　抽煙的人有個人獨特的手勢動作，能夠看出那個人的性格特質。

　　● 從不抖煙灰──懶散

　　有些喜歡抽煙的人，養成了煙灰很長也不抖掉的習慣。這種人大都比較懶散，思考的問題往往比較膚淺，很難進行深入的研究。

　　他們大多缺乏信心，通常身體狀況不太好，具有比較強的自卑心理。如果這種狀況只發生在開會或工作時，這樣的人往往是工作狂，要多注意身體健康狀況。

　　抽煙時不抖煙灰的人做事情非常大而化之，他們抽煙的時候，不管煙頭還在冒著煙，就把它隨手丟進煙灰缸裡。所以，研究發現，這種人可以做一些小事，很難成功地完成一項較為重大的任務。

　　改變這種狀況最好的方法就是積極思考，勤奮努力，養成良好的習慣，儘量少吸煙，如此不用很長的時間就可以讓整個人煥

然一新。

● 叼著煙工作──自信

有的人抽煙的時候會把頭微微地向上昂，用嘴角來抽煙。

這種人對自己的工作充滿信心，比較執著，有可能成為某一方面的專家。但是由於自視過高，通常與同事的關係處理得不夠好，有時還會發生糾紛導致失敗。

不過，這樣的人不會服輸，面對困難時會產生更大的勇氣，如果他們能夠堅持到底，突破重重難關，最後往往會取得成功，因此這樣的人一般都會成為勝利者。他們的前途光明，很有可能成為高級管理人員。

是否有信心，從抽煙的姿勢就可以看出來。

叼著煙工作的人如果不是十分地玩世不恭，就是相當有自信，如果還習慣瞇著眼抽煙，那麼必然是對自己的能力極為有自信，為人也比較成熟老練。

這種人希望自己的能力獲得別人的肯定，否則就會產生強烈的反抗，或是消極負面的情緒。

除此以外，這種自信心很強的人還有一種動作，就是拇指頂著下巴抽煙。他們喜歡伸直拇指頂住下巴，顯出一副悠閒的姿態，並給人一種陽剛的印象。這種人必須要充分認識自己，揚長避短，以營造良好的人際環境。

● 抿著嘴抽煙──深沉

有的人抽煙的時候喜歡抿著下唇，顯得不慌不忙的樣子。這樣的人不會引人注目，個性比較穩定。他們辦事通常不會採取轟轟烈烈的動作，所以成功的機率很大。

他們成功的基本方法是穩紮穩打，從來不做需要冒很大風險

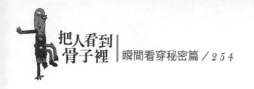

的事情。在一個單位或部門裡，前一兩年可能做不了什麼讓人刮目相看的事情，但一段時間之後，他們就會慢慢地得到上司的信賴和重視，獲得發揮才能的機會。

一般來說，抿著嘴抽煙的人缺乏工作上的主動性和足夠的創造性，但為人處世卻很有城府。這種人的猜忌心很強，不會輕易暴露自己的眞實想法。

這種人準備做什麼事情，常常都會經過反覆考慮，但由於對事情的思考時間過長，往往坐失良機。「三思而後行」固然可取，但若是顧慮過多，反而會阻礙前進的步伐，消磨奮進的信心。

● 用力壓滅煙頭──不滿現狀

有人滅煙頭的方法很特別，他們會很快地用力壓滅正在冒煙的煙頭，就像有什麼急事等著要辦似的。

一般來說，這類人的精力很充沛，做起事來往往不會半途而廢，工作態度很積極，往往也能獲得上司的信任。但是，他們不會處理自己的欲望與現實之間的關係，因此常常會覺得自己懷才不遇，常常感到焦躁不安。

這種人應該注意克制各種非分之想，不斷改變自己做事情的方法，試著提高工作效率，比如學著在煙灰缸裡慢慢地把煙頭壓滅，經常做一些需要耐心才能完成的事情，時間久了，就會形成平和的心態，辦事效率就會有所提升。

● 口水經常弄濕煙頭──個性急躁

有些人的性子很急，就是我們常說的「一口就想吃掉一個胖子」。

這種人在抽煙上的小動作，是恨不得一口氣把一根煙抽完，就像餓極了的人見到食物一樣，甚至把煙頭都弄濕了，嚴重的甚

至會使煙熄滅。

這種人容易憤怒，性子很急。他們有時表現得很貪心，有時又表現得好惡分明。

這種人常常會參與各個領域的事情，好像什麼事情都能做。由於他們的執著，獲得成功的可能性會不斷增大，但也經常由於過分急躁而使事情功敗垂成。

● 滅煙頭動作很輕──優柔寡斷

有的人是這樣熄滅煙頭的：輕輕地敲打煙蒂，直到煙頭慢慢被熄滅。這種人的個性和緩，做起事來比較慎重，對人的態度比較溫和，很注意對方的言談舉止。

他們最明顯的特徵，就是不會很好地表達自己的意見和建議，無論做什麼事情常常都會猶豫再三，舉棋不定。因為他們思考問題比較深入，也許在熄滅煙頭的時候就是在思考問題也說不定。

這種人具有一定程度的領導才能，因為他們考慮問題比較全面，但是要特別注意培養果斷能力，不要給人留下沒有魄力的印象。

這種人如果工作多年仍然沒有得到提拔，除了其他的原因之外，最重要的原因就是上司認為他沒有魄力，辦事不夠果斷。

其實，他們只是沒有表現出來而已，並不像外人認為得那麼不果斷。這種人要訓練自己在縱觀全局之後快速做出決斷，切忌思前顧後，錯失良機。

● 用水澆滅煙蒂──作風嚴謹

有的人膽子很小，把煙頭丟在煙灰缸裡還擔心煙頭不熄滅，所以總是要用水澆熄煙蒂。這種人通常屬於神經質、操勞型的人。他們的膽子很小，一整天都小心翼翼，如果早上和老婆小吵了一

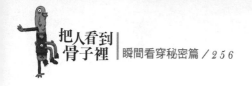

架，也許一天都不安寧。

　　應該注意的是，無論做什麼事情，既要心細，也要膽大，不要整天患得患失。很多事情都沒有自己想像的那麼複雜或可怕，不要總是膽顫心驚。

一眼把人看到骨子裡

不抖煙灰的人懶散、抿嘴抽煙的人城府極深、個性急躁的人經常弄濕煙頭……，抽煙、捻煙的小動作裡，也藏有大大的性格玄機。

從喝酒看清你的朋友

在酒桌上，如果你仔細觀察，會發現每個人端酒杯的姿勢都不盡相同，從端酒杯的姿勢可以看到一個人的個性。

飲酒是很多人都很喜歡的事情，詩仙李白曾經有「將進酒，杯莫停」的豪言壯語，因此後人就有「李白斗酒詩百篇」的傳說。

李時珍在《本草綱目》中曾經說過：「少飲酒提神，多飲酒傷身。」這裡所說的「酒傷身」，主要是說酒精中毒。

研究證明，大量酒精進入人體之後，就會隨著血液進入大腦，從而使大腦受到傷害，大腦的功能就會紊亂。

隨著血液中酒精濃度的增加，一個人會面紅耳赤，頭腦發昏，意識朦朧，言語不清。久而久之，身體就會受到損害。

可是社會交際中，喝酒確實是一個比較重要的方式，所謂「無酒不成禮」，所以有的人就大聲喧嚷「捨命陪君子」。

在酒桌上，如果你仔細觀察，會發現每個人端酒杯的姿勢都不盡相同，從端酒杯的姿勢可以看到一個人的個性。

有的男性喝酒時，喜歡緊攥酒杯，用拇指壓住杯口，這種人個性外向，具有較強的進攻性，願意與人交往，經常扮演活絡氣氛的角色，成為大家關注的人物，屬於豪爽型的人。

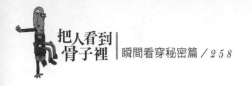

　　有的男性喜歡把整個酒杯緊緊握在手掌裡，這種人比較有主見，在酒桌上並不急於進攻，常常是後發制人，當別人都喝得差不多的時候，才開始發動攻勢。生活中，這種人很有個性，經常不聲不響，但心中有數，什麼時候該做什麼，什麼時候不該做什麼，總是能夠把握得很好。

　　有的男性用兩隻手抓住酒杯，給人一種擔心酒杯落地的感覺，這種人個性比較內向，不善言辭，為人比較謙恭，在喝酒時始終處於被動狀態，別人不端酒杯，就很少主動敬酒，在別人舉杯相賀的時候，經常一個人悶悶地坐著，給在座的人留下滿腹心事的印象。這種人屬於沉思型，平時喜歡一個人靜靜地思考問題。

　　有的男性經常用手捂住酒杯，喝酒時，往往會做一些小動作，不是偷樑換柱，將礦泉水倒入酒杯，就是喝一半倒一半。這種人比較善於偽裝，常常給人以捉摸不透的感覺，在捂住酒杯的同時，也就捂住了自己的內心世界。

　　女性在這方面與男性稍微不同，她們經常是為了應酬或禮節喝酒，端酒杯的動作也體現出各自的個性。

　　有的女性喜歡將酒杯平放在手掌上，這種女性個性外露，屬於興奮型的人。她們活潑開朗，聰明伶俐，常常一邊說話，一邊吃東西，十分健談。說話時娓娓而談，妙語橫生，給人一種很機靈的印象。

　　有的女性在飲酒時，喜歡用手握住高腳杯的下面，食指伸得很長。這種人城府較深，對金錢、地位、勢力有很大的欲望，善於隨機應變，見風轉舵，是比較標準的「勢利眼」。

　　有的女性喜歡一邊玩弄酒杯一邊吃東西，喝酒時顯得漫不經心。這種女性整天為各種各樣的瑣事纏身，根本沒有精力和時間

去思考大事，經常會因為日子過得舒心而安於現狀，缺少成名的內在衝動，也不大會成為傑出的人物。

有的女性習慣用一隻手緊緊地握住酒杯，另一隻手有意無意地在酒杯邊緣上撫摸。這樣的女性內心細膩，比較善於思考，不容易衝動，更不會感情用事，對事情的處理一般比較冷靜，很有分寸。

有的女性或將酒杯緊緊地握在手中，或將酒杯放在大腿上，這種人較為隨和，是很好的聽眾，無論做什麼事情，都顯得比較穩重，善於聽取別人的意見，待人接物十分得體，給人比較高雅的印象。

一眼把人看到骨子裡

飲酒的是是非非，是一言難盡的，有好處，也有壞處。端起酒杯，能看到一個人的秘密；喝下美酒，會發現一個人的個性。

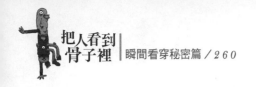

藉酒精改變自己的個性

有的人很喜歡狂飲，最重要的目的就是為了改變自己的個性。希望透過大口地喝酒，證明自己與過去不同。

■■■

　　懦弱的人總想變得勇敢一些，沉默寡言的人也不希望自己終生是「悶葫蘆」，在某些特定的場合，希望改變自己的人，可以藉著喝酒做出令人吃驚的事情。

　　喝酒的時候，由於處於一種較為放鬆的狀態，平日無法流露的真情，也就隨著酒場的自由氛圍而體現出來。

　　有的人很喜歡狂飲，不管是什麼酒、多大的酒杯，都會一飲而盡，好像喝酒對他們來說是很大的樂趣。他們之所以狂飲，其實有很多用意，最重要的目的，就是為了改變自己的個性。

　　也就是說，他們希望透過大口地喝酒，證明自己與過去不同，在心理上感覺到自己的個性已經發生了變化，從而達到改變的目的。

　　這種人不是因為愛好喝酒而喝酒，而是「醉翁之意不在酒」，是渴望改變自己的個性而喝酒。具有這樣的喝酒習慣的人，對酒的選擇比較嚴格，一旦認為某一種酒最能滿足自己的心理需求，他就會偏愛這種酒，其他酒再好也不會多看一眼。

　　其實，並不是這種酒在他們的感覺中有一種特別的滋味，主要是一種心理上的作用，每次喝這種酒的時候，心裡就會產生愉悅的感覺。

　　從這裡我們就可以知道，特別喜好某一種酒的人，個性明顯與一般人不同。

　　單純的外在行為並不能真正地改變自己，只有真正認識自己的缺點，並在日常生活的接人待物中逐漸改變原有性格中的不足之處，才是正法。瘋狂飲酒僅是一種暫時逃避現實的方式。

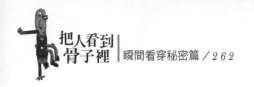

愛喝白酒的人善於社交

愛喝白酒的人對社交活動很感興趣，同時具有
很強的同情心，善於調和各種矛盾，經常扮演
好好先生的角色。

對大多數華人而言，喜歡喝白酒幾乎成了一種習慣。如果在
飯菜擺到桌子上的時候沒有白酒，他們就會覺得少了什麼東西，
儘管飯菜很香，也會覺得索然無味。這種人對社交活動很感興趣，
同時具有很強的同情心，善於調和各種矛盾，經常扮演好好先生
的角色。

一般而言，他們的耳根子很軟，很容易受對方的影響，不管
對方說的正確與否，總是頻頻點頭，表示贊同。

他們喜歡聽別人的奉承，但聽不出奉承的真實含義，當別人
恭維一番後提出不合情理的要求時，很多時候都無法拒絕。很多
人在酒桌上辦了平時不願意辦的事情，就是礙於這種情面。

愛喝白酒的人往往善於社交，很喜歡女性，對見到的任何女
性都表現得特別親切。

他們還同情弱者，願意為弱者伸張正義，即使因此遭到失敗，
也在所不惜。

在工作場合中，由於他們經常持與人為善的觀點，比較關心

部屬，所以部下也很擁護他們。但是他們不善處理自己與上司的
關係，因而很難得到上司的信賴。

　　愛喝白酒的人有一個明顯的特點，就是為了獲得他人的認同，
他們會以極大的耐心，去做一些自己很難做到的事情。

　　愛喝白酒的人總認為只有喝酒才能廣交朋友，因此交來的朋
友多半只有在酒桌上稱兄道弟。他們不知道，很多酒肉朋友
是靠不住的。

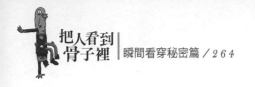

愛喝黃酒的人有自信心

愛喝黃酒的人比較理智而有自信心，不管在什麼情況下，他們都不會因喝酒說出胡話，更不會做出失態的舉動來。

喝酒的人有兩種，一種人是見酒就饞，見酒就喝，不需任何藉口，每天都可以喝上幾盅；另一種人是喝酒必有理由，從不喝沒有目的的酒。

那些喜歡喝白酒的男人，常常是嗜酒如命。至於那些愛喝黃酒的男人，對酒的愛好卻很有分寸。

愛喝黃酒的人對喝酒這件事很講究，喜歡在極不相同的環境裡喝酒，總是追求情趣。比如，在高朋滿座的場合，他們興致很高，常常會把整杯的黃酒一口吞下去；而在夜深人靜，獨自一人的時候，他們往往獨斟自飲，慢慢品味。

這種人很會把握尺度，從不被酒所迷惑，借酒發瘋或爛醉如泥是喝酒者常有的事，但一般不會在他們的身上出現。

即使在酒酣耳熱、不勝酒力的時候，他們也能保持清醒，不管在什麼情況下，他們都不會因喝酒說出胡話，更不會做出失態的舉動來。在酒意濃濃之中，他們也不會忘記自己和他人所說的話，記住每個人的一舉一動。

　　這種人比較理智，也比較自信，無論做什麼事情都深思熟慮，儘量做到恰如其分，所以常常能獲得成功。

　　他們很善於抓住時機，經常伺機而動，在生意場上使對手措手不及。他們精明、果斷、沉著、冷靜，常常令對手佩服得五體投地。

　　愛喝黃酒的人比較理智而且有自信心，總是「別人皆醉我獨醒」，這樣的對手才是真正的對手。

　　由於他們很自信，所以做事往往與眾不同，經常蔑視常規。這種人不大相信那些成說定論，總能從新的角度去思考問題，在很多事情的處理上，常常會下一些一般人認為的險棋。

　　可能正是因為獨出心裁，經常會取得比別人更好的成績，在同輩人的競爭中，常常能戰勝眾多高手，成為脫穎而出的佼佼者。

　　很多上司都願意把棘手的事情交給他們去辦，他們也總是不負眾望，多半都能取得預期的效果。

一眼把人看到骨子裡

　　愛喝黃酒的人的出色表現常常會遭人嫉妒，每次獲得成功總會被流言包圍。他們的個性與他們愛喝的黃酒一樣，有時轟轟烈烈，引人注目；有時又冷冷清清，被人遺忘。這也應了「有一利，必有一弊」的古語。

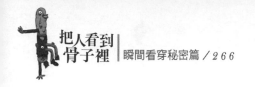

愛喝啤酒的人心情常保愉快

喝啤酒是心情愉快的一種表現，很多人會透過喝白酒達到「藉酒澆愁」的目的，而不是用幾瓶無法讓人麻醉的啤酒去擺脫煩惱。

高興的時候要喝酒，悲傷的時候也要喝酒。對多數人而言，高興也好，悲傷也罷，不管是什麼酒，只要能滿足心理需求即可。至於什麼時候喝白酒，什麼時候喝啤酒，什麼時候喝紅酒，很多人都不在意。

但是，從美國社會學家的調查可以看出，喝啤酒是心情愉快的一種表現，悲傷和苦悶的時候，啤酒就會讓位給白酒。很多人會透過喝白酒以達到「藉酒澆愁」的目的，而不是用幾瓶無法讓人麻醉的啤酒去擺脫煩惱。

約會的時候，喝啤酒的男士通常是想表現出最自然、最原始的自己，女士切不可認為對方沒有男子氣。

與這樣的男士交往，女士比較安全。因為喝白酒往往會使男士控制不住自己，做出一些令雙方都十分尷尬的事。喝啤酒則不同，對「海量」的男士而言，喝了超過白酒量二到三倍的啤酒，也不會失態。

與女士約會時，喝啤酒的男士常常勸同行的女士也喝啤酒，

目的是希望對方與自己有同樣的好心情，期待進行愉快的交談。
這樣的行為既不會給人矯揉造作的感覺，也不會讓人覺得自己是
在高攀對方。

一眼把人看到骨子裡

有的人喜歡特定品牌的啤酒，表現出一種特有的傾向。有的
人在選擇啤酒的時候，比較注重公司和產地等，這已超出飲
酒娛樂的範疇。其實，不同的啤酒味道都差不多，之所以挑
選特定的酒，最主要還是心理因素。

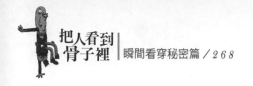

愛喝雞尾酒的人值得信賴

喜歡喝雞尾酒的人不會爛醉如泥。喝雞尾酒多半是為了調節氣氛，在他們的酒杯裡，往往注入很多情調。

　　時常酩酊大醉的人都喜歡喝白酒，十個醉漢裡，至少有九個是喝白酒的。雖然喝白酒的人不一定都會醉，但愛喝白酒的人都有狂飲的習慣。

　　如果一個人長期狂飲白酒，喝醉肯定是常有的事。對一個經常醉酒的人來說，最大的後果就是很難得到別人的信賴。

　　相反地，喜歡喝雞尾酒的人一般都不會狂飲，更不會爛醉如泥。喝雞尾酒多半是為了調節氣氛，而不是僅僅為了喝酒，在他們的酒杯裡，往往注入很多情調。

　　在龐大的雞尾酒「酒友」中，絕大多數人對酒的要求並不嚴格，只是把酒當作溝通感情、聯絡友誼的工具。

　　喜歡喝辣味雞尾酒的人，一般都具有男性氣質，責任感都比較強。在工作中，他們熱情很高，能夠充分發揮自己的作用，勇於創新，深得同事的信賴。這種人為人誠實，不張揚、不虛偽，行為舉止得體，分寸把握得較好。

　　喜歡喝甜味雞尾酒的人一般不喝白酒，除非是在萬般無奈的

情況下。這種人喝雞尾酒，常常有很多考慮，其中最常見的是為了與女性找到共同的話題，透過雞尾酒接近女性，從而達到與「美人」共飲的目的。

一眼把人看到骨子裡

愛喝雞尾酒的人不一定會喝酒，但卻經常把雞尾酒當作營造良好氣氛的工具，這就像不會吸煙的人為吸煙的人遞煙一樣。在女性面前，禮貌性地喝上一口雞尾酒，往往會給對方留下良好的印象。

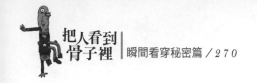
愛喝威士忌的人心胸寬廣

喜歡喝威士忌的人願意做一番轟轟烈烈的事業，敢於冒險，不願意被人束縛，天生叛逆個性，敢於挑戰權威。

　　愛喝酒的人總有自己鍾情的酒，至於為什麼和別人不同，喝酒者的解釋都是這樣：這個酒好喝。至於為什麼愛喝，他們常常會支支吾吾地告訴你：反正是好喝，別的理由不重要。

　　其實，喝酒與每個人的個性有很大的關係。有的人很喜歡喝威士忌，喝這種酒的人具有比較強的適應能力，容易融入群體，能夠充分地採納他人的意見。

　　在多數情況下，他們很希望到社會上去闖蕩，不願意安於現狀，無論能力如何，條件是否具備，都天天盼望能夠出人頭地。在生活中，他們渴望賺大錢，渴望得到上司的青睞。總之，這種人的欲望很多。

　　這種人對女士很講禮貌，很願意接近女性，並且常常表現得很親密。他們比較主動，能明確地表達自己的意思。

　　由於喝威士忌的方式方法不同，在個性方面便展現出不同的差別：

　　●稀釋的威士忌

有的人喜歡喝經過稀釋的威士忌,如果擺在面前的威士忌未經稀釋,他們寧可選擇不喝。這樣的人很願意與人交往,總希望把自己的想法充分地傳達給他人,不管在什麼情況下,都能適應環境,一般都能與很多人有良好的關係。

● 加了冰塊的威士忌

有的人在喝威士忌的時候,喜歡在裡面加冰塊。

這種人不善言辭,語言表達能力往往比較差,常常言不由衷,詞不達意,不能用準確的語言表達自己的意思。他們比較在意周圍人的議論,缺乏主見,人云亦云,因此常常被他人的意見所左右。

但這樣的人在工作場合的人緣很好,常常發展得很順利,往往平步青雲。他們最大的長處是會掩飾自己的情緒,不將喜怒哀樂寫在臉上。

有的人喜歡喝威士忌的原因是覺得威士忌夠勁。這種人願意做一番轟轟烈烈的事業,敢於冒險,富有開拓精神,不喜歡條條框框,不願意被人束縛,天生叛逆個性,敢於挑戰權威。

一眼把人看到骨子裡

喜歡喝威士忌的人富有很強的創造力和正義感,不同流合污。從表面看,這種人比較冷淡,不太熱情,特別是對女性。但是,實際上這種人的內心卻常常是溫柔而熱烈的。

生活講義

123

把人看到骨子裡：
瞬間看穿秘密篇

作　　者　王　照
社　　長　陳維都
藝術總監　黃聖文
編輯總監　王　凌
出 版 者　普天出版家族有限公司
　　　　　新北市汐止區康寧街 169 巷 25 號 6 樓
　　　　　TEL ／ (02) 26921935 (代表號)
　　　　　FAX ／ (02) 26959332
　　　　　E-mail：popular.press@msa.hinet.net
　　　　　http://www.popu.com.tw/
　　　　　郵政劃撥 19091443 陳維都帳戶
總 經 銷　旭昇圖書有限公司
　　　　　新北市中和區中山路二段 352 號 2F
　　　　　TEL ／ (02) 22451480 (代表號)
　　　　　FAX ／ (02) 22451479
　　　　　E-mail：s1686688@ms31.hinet.net
法律顧問　西華律師事務所‧黃憲男律師
電腦排版　巨新電腦排版有限公司
印製裝訂　久裕印刷事業有限公司
出 版 日　2018 (民 107) 年 9 月第 1 版
I S B N◉978-986-389-540-4　　條碼 9789863895404
Copyright◎2018
Printed in Taiwan ,2018 All Rights Reserved

■ 敬告：
　本書著作權受著作權法保護，任何形式之侵權行為均屬違

國家圖書館出版品預行編目資料

把人看到骨子裡：瞬間看穿秘密篇／
王照編著. —第 1 版. —：新北市, 普天出版
民 107.09 面；公分. -（生活講義；123）
ISBN◉978-986-389-540-4（平裝）
CIP◉177.2

普天之下・盡是好書
普天 出版社
Popular Press